AF284177

Bibliografische Information der Deutschen Nationalbibliothek
Die Deutsche Nationalbibliothek verzeichnet diese Publikation in
der Deutschen Nationalbibliografie, detailierte bibliografische
Daten sind im Internet über http.//dnb.dnb.de abrufbar

Text © 2020 by Rolf Gänsrich
Herstellung und Verlag: BoD – Books on Demand,
Norderstedt

ISBN 9783752672374

Rolf Gänsrich's

Radio-Anthologie

OKbeat
und
pommes-rot-weiß
zum Mitnehmen

Seite – Inhalt

129 – aus 2013
134 – aus 2014
140 – aus 2015
154 – aus 2016
162 – aus 2017
170 – aus 2018
174 – aus 2019
185 – aus 2020
198 – Was ist von mir noch erschienen

Daten:
Texte geschrieben ab 15.1.1980 – 12.11.2020
zusammengestellt und bearbeitet 28.8.2020 – 12.11.2020,
Rechtschreibprüfung und in Form gießen 13.11. 2020 – 17.11.2020

Vorwort

Dass da bei mir viel "Zeugs" geschrieben "herum liegt" , dürfte sicher dem einen oder anderen klar sein, der bemerkt, dass dies hier bereits meine zehnte Veröffentlichung innerhalb von zwei Jahren ist.

"Das muss dann einfach mal raus!", denk ich mir und habe jetzt auch zum Glück, dank Corona-Fördermittel durch das Land Berlin, endlich das finanzielle Polster dazu, dank Corona allerdings auch leider die Zeit.

Wie bei meinen anderen Büchern so gibt's auch hier die Erläuterungen zu einzelnen Texten kursiv.

Meine kleine Hörfunkreihe O.K.beat gibt es seit April 1995. Begonnen beim "Offenen Kanal Berlin" (daher auch der Name O.K. ... und als Beatles-Fan noch der Beat hinten dran), wurde der Sender 2008 relauncht und heißt seitdem "alex-berlin". Daneben mache ich seit 2008 regelmäßig meine Sendung "pommes rot weiß" beim Internetradio "rockradio.de". Zwischendurch gab es auch Sendungen von mir bei Pi-Radio und einer ganzen Reihe weiterer Internetradios. Mehr dazu gibt's in meinem Buch "Kaufhallengeschichten – Hundegeschichten – Radiogeschichten". Im Allgemeinen gab es die Erstausstrahlungen der Texte im O.K.beat und nur in seltenen Fällen bei Rockradio. Wann welcher Text von mir geschrieben wurde, steht immer je unter der Überschrift. Als eigenes Erinnerungspflaster sei mir der Hinweis gestattet, dass hierin die OKbeat-Sendemanuskripte bis einschließlich der 947. Ausgabe am 12.11.2020 und die Sendemanuskripte von pommes-rot-weiß bis einschließlich der Ausgabe 311 vom 10.11.2020 eingeflossen sind.

Und wie bei all meinen bisherigen Büchern, so gilt auch hier: es gibt drei Arten der Rechtschreibung, die alte, die neue und meine, ... das gilt insbesondere für die mundartlichen Texte.

Also, steigen wir ein ins Radio, machen wir die Mikros auf und ab geht's!

***

die Rio-Reiser-Hörspiele

entstanden für eine Rio-Reiser-Rocknacht bei rockradio.de und stellen die erste Ausnahme der Regel dar, weil hier die Erstausstrahlung bei Rockradio lag.
Bei den Aufnahmen waren niemals alle Sprecher gleichzeitig im Studio, sondern im Abstand mehrerer Tage immer einer nach dem anderen. Die Stimmen waren: Dave Czasar, Jana Sommerfeld und Betty Quast. Da eine weitere Künstlerin, die eine Damenstimme einsprechen sollte, gerade in dieser Zeit eher Probleme ohne, als mit Alkohol hatte und sämtliche Aufnahmetermine schmiss, hab am Ende, weil der Sendetermin immer näher rückte, ich selbst, mit arg verfremdeter Kopfstimme, einen Teil der Stimmen gesprochen und einmal sogar wirklich als ich selbst.

Rio-Reiser-Hörspiel I
geschrieben am 18.5.09

Rio Reiser = Ralph Christian Möbius
◊ Hintergrund knarrende Dielen, Musik: Beatles – Hey Jude + Revolution

Mutter: Hey! Ralphi! Ey!
R   Ja, Mutter? Was'n los?
Mutter Ey, kannste mal den Krach ausmachen?
R   Was ist denn hier Krach? Das sind die Beatles! Das ist die neue Single der Beatles!
Mutter Aber das ist doch Hotten-Totten-Musik!
R   Die Beatles, das sind die besten Songschreiber seit Beethoven, sagt Leonard
         Bernstein! Aber das bekommst du ja in deinen scheiß-spießigen Kopf nicht rein!

◊ Musik wird leiser gedreht!

Mutter	Junge, warum hörst du nicht mal nette Sachen, so was, wie das, was der Roy Black singt, Freddy oder dieser süße Wunderknabe Heintje!
R	Das, was der Heintje singt, ist doch auch nur scheiß-spießiges Gewimmer, Das ist bärenscheiß-spießiges Gewimmer!
Mutter	Aber es ist schön! ... und mit welcher Inbrunst er „Mama" singt. .... Und du? Schon seit Monaten klimperst du immer auf deiner Gitarre rum und kannst noch keine drei Griffe! Dafür hättest du das Ding nicht bekommen brauchen! Statt dessen schrammelst du ständig so'n Zeug wie das, was dieser ungewaschene, ekelige Mick JAAAgger kreischt. Versuch doch mal was schönes, wie das, was Peter Alexander macht! Der singt gut, der sieht gut aus ....
R	Aber, ich glaube, du wärst sicher auch nicht damit einverstanden, wenn ich den ganzen Tag lang üben würde! Und außerdem sind Schlager nur bourgeoise Scheiße! ... und ihr merkt gar nicht, wie ihr dabei verblödet!
Mutter	Wo hast du denn nun wieder dieses alberne Fremdwort her?
R	Mutter, da gibt's in Berlin Leute wie diesen Rudi Dutschke, die sich gegen das ganze scheiß-verkommene System auflehnen!
Mutter	Wozu soll ich sooo einen auch kennen! Studiert nicht, geht nicht arbeiten und läuft bei diesen ganzen Krawall-Demos ständig vorne weg! So wirst du nicht, Ralph! Das sage ich dir!
R	Was ist denn nun schon wieder los? Erst nörgelst du an meiner Musik und nun geht das mit der Arbeit wieder los!
Mutter	Ja, streng dich an und lerne einen ordentlichen Beruf! Du sollst es schließlich mal besser haben, als deine Eltern!
R	Jetzt geht die Scheiße wieder los! Soll ich etwa so bekloppt sein, wie Vater, der sich seit Jahren den Buckel für Siemens krumm schuftet und dafür alle paar Jahre umziehen muss?
Mutter	Aber dein Vater hat wenigstens was erreicht im Leben!

R	Scheiße hat er! Ratten-Katzen-Mäuse-Kacke hat er! Ist das etwa Leben? Den ganzen Tag lang buckeln, abends das Essen vorgesetzt bekommen und dann mit dem Bier in der Hand vor dem Fernseher einpennen! .... Wann habt ihr denn das letzte mal Sex gehabt, du und Vater?
Mutter	Werde nicht frech, Bürschchen! So lange du deine Beine noch unter unseren Tisch steckst, so lange wirst du schön freundlich bleiben zu deiner alten Mutter! ... Mach, dass du fertig wirst, in fünf Minuten gibt's Abendbrot
R	Ja, mach ich doch, Ma! ... Hier hör mal, das ist die B-Seite!

◊ Revolution anfahren

R	So, wie John Lennon müsste man sein!
Mutter	Die Beatles sind ja auch nur langhaarige Penner!

◊ Tür klappt zu

R	Die machen wenigstens Musik mit'ner Aussage und wimmern nicht nur „Mama"! ... Aber warum zieht der Lennon hier den Schwanz ein und sagt nicht: Hey, macht eure Revolution und ich unterstütze euch! .... Das müsste man machen! Die ganze Linke, die ganze APO mit der eigenen Musik unterstützen! ... ...

Rio Reiser Hörspiel II
am 19.5.09

◊ König von Deutschland bis „.... Kanzler, Kaiser, König oder Königin ... in –in-in ..." (Echo)

◊ City – Am Fenster – Schlafzimmerathmo mit Straßenlärm und aufziehender Gardine – als Athmo-Bett

◊ Barry White in die Athmo leise, auf nur eine Stereospur legen ...

Sie	Was ist denn mit dir los?
R	Wieso? Was soll mit mir sein?
Sie	Du schaust mich ja nicht mal an beim Sex!
R	Muss ich das?

Sie	Aber ich dachte, es würde dich geil machen, wenn du mich ansiehst!
R	Baby, du bist geil!
Sie	Ja, da hast du verdammt recht! Ich bin schließlich das heißeste Groupie, das du je auf den Konzerten von „Ton-Steine-Scherben" aufgerissen hast!
R	Na, nun übertreibs mal nicht!
Sie	Ich reise euch seit Wochen hinterher, stehe immer in der ersten Reihe bei den Konzerten bei euch. Keine kennt deine Songs besser, als ich?
R	Sag mal, wie alt bist du eigentlich?
Sie	Na beinahe sechzehn!
R	Und woher willst du wissen, dass du das heißeste Groupie bist?
Sie	Das haben mir deine Bandkollegen so einer nach dem anderen erzählt! Na, was denkst du wohl, warum letzte Woche der Tobi die Proben hat sausen lassen?
R	Das war wegen dir?
Sie	Klar! Der konnte ja hinterher kaum noch seine Gitarre halten, so sehr hab ich den ausgelaugt!
R	Na, dann ist es ja kein Wunder, wenn wir musikalisch immer schlechter werden!
Sie	Aber bei dir regt sich ja kaum was! ... Gefalle ich dir etwa nicht? ... Vielleicht solltest du mich doch mal anschauen, damit aus deinem Rüsselchen endlich ein Liebesknochen wird! ... rrr ... ich bin eine Kannibalin ... rrr ... und möchte an deinem Liebesknochen knabbern ... rrr ...
R	Ey, hör auf mit dem Scheiß!
Sie	Was soll ich denn nun noch bei dir machen? Seit über vier Stunden versuche ich es nun schon bei dir. .... Mit allen möglichen Tricks! ... Damit hätte ich wahrscheinlich schon die Leiche von Buddy Holly wiederbelebt. ...
R	Ja, Süße, machen sollst du einfach gar nichts!
Sie	Brauchst du vielleicht was zum einwerfen? Ich kann dir alles besorgen! Ich besorge dir wirklich alles, wenn du mich lässt! Pillen, Koks, Marihuana ... du musst es mir nur sagen! ....

R	Ich weiß nicht, ob das bei mir noch hilft!
Sie	Na gut, ich geh mal rasch ins Bad und puder mir die Nase! ... Vielleicht versuchen wir es ja dann nochmal ...

◊ Man hört sie hinaus tapsen und die Badtür schließen. Er dreht sich um und "denkt" ... So etwas Echohall drauflegen!

R	Wenn ich diese kleinen Biester von der Bühne herab sehe, wenn sie mich antatschen und berühren, das ist dann schon heiß! .... Und dennoch .... wenn ich dann wieder mit einer wie ihr in der Kiste liege, sie mein steifes Glied in sich hinein schiebt, muss ich ständig an die Jungs in unserer Band denken .... an ihre knackigen Ärsche und wie geil es wäre, von denen einen geblasen zu bekommen .... Vielleicht bin ich anders gepolt? Vielleicht bin ich nur noch nicht reif für eine Frau? ... Oder vielleicht sollte ich es doch mal mit einem der jungen Burschen versuchen, die, kaum jünger als ich, immer hinterm Bahnhof Zoo stehen ....

◊ König von Deutschland bis „.... Kanzler, Kaiser, König oder Königin ... in –in-in ..." (Echo)

Rio-Hörspiel III
an 8.6.09

◊ Hintergrund: eine Demo

Sie:	Hallo Rio!
Rio:	Hallo Tina!
Sie:	Schön, dass du bei unserer Demo mit läufst!
Rio:	Na, das gehört sich doch wohl auch so. Schließlich sind wir alle gegen Atomkraft, für Frieden und für die Freilassung der R.A.F.-Leute.
Sie:	Hast du dir mal überlegt, vielleicht in unsere autonome Gruppe einzutreten oder dich in einer linken Partei zu engagieren?

Rio: Nein, nein und nochmals nein! Ich finde es gut, was ihr hier macht, darum laufe ich auch mit, aber in irgendeine Gruppe trete ich garantiert nicht ein, und bestimmt niemals in eine Partei! Die verschlimmbessern doch alle nur und reden. .... und letztendlich geht es dabei am Ende nicht mehr um Ideen, für die man eintritt, sondern um die Macht einiger weniger .... auch in solchen autonomen Zellen!

Sie: Dann könntet ihr als Ton-Steine-Scherben aber bei den Demos wenigstens vorn weg laufen und uns mit eurer Musik etwas anheizen.

Rio: Ach, lass mich jetzt doch mit der Scheiße in Ruhe! Reicht es nicht, wenn ich als private Person mit euch mit latsche?

Sie: Ja, ... aber eure Lieder tun uns gut!

Rio: Und wir sollen wieder Jukebox spielen und euch die uralten Songs vor-jodeln, damit selbst die Besoffensten da mitgrölen können. ...

Sie: ... aber das gehört doch mit dazu! Ihr habt da sowas wie einen Kampfauftrag der Arbeiterklasse von uns bekommen.

Rio: Der nie bezahlt wird ....

Sie: Was soll denn nun dieses anachronistische Geschwafel von dir. .... Bezahlung! .... Pfff ... Denkst du, wir bekommen von irgendwem Geld dafür, dass wir demonstrieren? Das ist Klassenkampf, Rio, reiner Klassenkampf!

Rio: Mensch Mädel, von irgend etwas müssen wir doch auch leben und wir haben nur die Musik!

Sie: Aber ihr habt als Truppe auch'ne Verantwortung, uns in dieser revolutionären Situation zu unterstützen.

Rio: ... um schließlich, so wie einige von euch, auf der Straße zu pennen und nur noch zu saufen. Nein, lass gut sein, Tina. Wenn wir das mitmachen würden, könnten wir bald nicht mehr spielen, weil dann nicht nur unsere Instrumente im Arsch wären.

Sie: Wenn wir euch bezahlen, biedert ihr euch indirekt dem System an, das wir alle bekämpfen!

Rio: Ich sehe, du willst noch Stunden lang mit mir

diskutieren. ... So lang, wie ihr uns bezahlt ... und das ist ja nun wirklich nicht viel, was wir nehmen, nur so lang spielen wir auch für euch ... und machen dabei dann gelegentlich auch mal die alten Sachen. Punkt.

Sie: Es war schon immer schwer, dich zu überzeugen. Ich werde es in der Gruppe anbringen, aber ich denke, wir werden euch auch zu unserer nächsten Aktion, als bezahlte Begleitband, einladen ...

Outro: Ton-Steine-Scherben – wir streiken – verfremdet + Atmno

---

Rio-Reiser-Hörspiel IV
am 9.6.09

Sie: Hallo Ralph! Schön, dass du gekommen bist! Willst du'n Kaffee?

Rio: Was soll das, Tina? Wieso zitiert ihr mich hier in eure Plattenfirma? Wir haben Auftritte mit den Scherben vorzubereiten!

Sie: Das ist es ja! .... Was ist nun mit dem Kaffee? ...

Rio: Ja, gern, aber mach mir einen Löffel Zucker mit ran, damit mir wenigstens der Kaffee heute bei euch schmeckt, denn ich fürchte, alles andere wird schon bitter genug sein.

◊ Kaffeetassen klappern ansonsten eigenes, offenes Fenster verstärkt, knarrende Dielen

Rio: Was ist denn nun, oder biste jetzt sprachlos?

Sie: Also wenn du es so direkt willst?

Rio: Na nun los! Meinen Kopf wird es nicht kosten!

◊ weiter klappernde Kaffeetassen .... Ruhe ...

Rio: Tina! Ich warte!

Sie: Also ihr seid pleite!

Rio: Ha-ha! Wir sind pleite! Wer sind wir?

Sie: Na, Ton-Steine-Scherben! Ton-Steine-Scherben sind pleite!

Rio:	Ha-ha! Ich lach mich kaputt! Wie soll eine Band pleite sein? Wir haben doch noch unsere Instrumente, den Tourbus, unsere Musik ....
Sie:	Und genau darum geht es! Ihr seid zahlungsunfähig! ... Ich habe heute die Rechte an euren Songs verscherbelt.
Rio:	Was hast du?
Sie:	Du hast richtig verstanden. Eure Songs gehören euch nicht mehr!
Rio:	Dass wir über die GEMA immer wieder Geld eingenommen haben, war ja schön, aber ansonsten hatte ich so ie Idee, dass Lieder sowas wie'n Welterbe sind. Die Melodien fliegen durch die Luft und bei einigen Leuten setzen sie sich dann in den Kopf und Typen wie ich schreiben sie dann einfach nur auf. Wie können da Songs verkauft werden? Die sind doch von Hause aus geistiges Eigentum.. Meine Lieder kommen aus mir! ... Aus mir und aus der ... der Luft!
Sie:	Ihr habt gut zweihundertfünfzigtausend D-Mark Schulden! Das musste beglichen werden. Die Gläubiger warteten. Der Gerichtsvollzieher wollte heute zu euch auf eure Ranch. Wenn ich den gelassen hätte, hätte der heute euer Haus gepfändet und eure Instrumente. Da kam ich auf die Idee, deine Songs zu verkaufen. .... Nun guck nicht, wie so'n abgestochenes Kalb! ....

◊ Ruhe .... Kaffeetassen klappern

Rio:	Sind die Schulden damit beglichen?

◊ weiter Kaffeetassen, die klappern

Sie:	Nein! Noch längst nicht.
Rio:	... Mh ....
Sie:	Wir haben auch die Band aufgelöst.
Rio:	Ihr habt meine Band aufgelöst? .... Also verstehe das Plattengeschäft, wer will ... ich verstehe es nicht.
Sie:	Rio! Nun komm wieder runter! Wir haben dich dafür als Einzelkünstler an ein großes Major-Lable, an CBS-Records, verkauft!

Rio: Ist ja zum Kotzen mit euch! Es kommt alles Bröckchenweise ....

Sie: Versteh doch. So kannste am besten eure Schulden abarbeiten.

Rio: Und ich dachte mal, eine Band das sind einfach nur ein paar Kumpels, die Musik machen.

Sie: Na, von Lagerfeuerromantik habt ihr euch doch schon lange verabschiedet.

◊ Kaffeetassen klappern

Sie: Du nimmst ganz einfach bei CBS ein paar Platten als Solokünstler auf, ... dazu kannst du dir die Musiker sogar aussuchen ... und bist in null-Komma-nichts deine Schulden los. CBS wollen dich .... aber leider nur dich.

Rio: Soll ich mich dann etwa bei der ohnehin schon mausetoten sogenannten „Neuen Deutschen Welle" mit anhängen und mich an Kindern wie dieser dumm-frechen Nena, Markus oder Fräulein Menke messen?

Sie: Na ... so ungefähr hatten die sich das gedacht.

Rio: Meine alten Fans werden mich steinigen!

Sie: Die sind auch älter geworden ... so wie ich, mein Guter.

Rio: Und ich kann bei CBS meine Songs aufnehmen?

Sie: Das haben die mir vorgeschlagen.

◊ Kaffeetassen klappern

Sie: Du löst die Scherben offiziell auf ... aber .... mein Gott, du kannst die Jungs sicher immer mal in dem einen oder anderen Soloprojekt mit unterbringen ... Und du machst weiter deine Songs. .... Reizt es dich nicht, dich mal vor mehr Publikum zu stellen? In Berlin würdest du sogar die Deutschlandhalle füllen. Überleg doch mal ...! Wozu bin ich sonst der Assi deines Managers? Du hast mir doch all die Jahre vertraut. ....

◊ Kaffeetassen klappern

Rio: Mach den Deal mit CBS!

Outro: Beatles – you never give me your money – verfremdet

18

Rio-Reiser-Hörspiel V
am 16.6.09

Intro: Yoko Ono – I'm your Angel
⇒ Eine knarrende Tür wird geöffnet .... dahinter Lärm aus einem Großraumbüro

Rio: Hallo ... wo kann ich mich bei ihnen anmelden?
Mann: Wie jetzt?
Rio: Ich bin Rio Reiser und möchte Mitglied in ihrer Partei werden!
Mann: Pff ... pff ... Na, dann gehen sie mal ins Büro der Chefin. Ich rufe schon rein.
⇒ ⇒ ⇒ wird langsam leiser ⇒ ⇒ ⇒ Der Rio Reiser ist hier und will mit ihnen ...
⇒ weitere knarrende Tür wird geöffnet ... beim schließen wird der Bürolärm leiser

Sie: Herr Reiser! Welch unerwartetes Vergnügen!
Rio: Ja, ... ich bin selbst überrascht!
Sie: Wie kommts? Wollen sie mir nur einen Höflichkeitsbesuch abstatten oder ... darf ich ihnen einen Kaffee anbieten ... oder ein Bier?
Rio: Mir reichts!
Sie: Ihnen reicht was?
Rio: Die Berichterstattung im Vorfeld dieser Bundestagswahl in den Medien über sie!
Sie: Na, das sind wir doch von diesem System hier gewohnt.
Rio: Ständig heißt es über sie, Zitat: "Die Nachfolgepartei der SED!"
Sie: Das ist theoretisch eigentlich korrekt! ... Aber ich weiß, was sie meinen.
Rio: Na eben! Achtzig Prozent ihrer alten Mitglieder sind mittlerweile aus ihrer Partei ausgetreten und die meisten, die damals Schuld auf sich geladen haben, haben es allmählich eingesehen. ... Außer vielleicht die von ganz oben .... Mielke, Krenz und Konsorten. ... aber .... mal

19

ehrlich .... unter uns, Karl Eduard von Schnitzler hatte nie ganz Unrecht! ...

Sie: Schön, dass wir da einer Meinung sind ....

Rio: Dass ARD und ZDF noch nie wirklich fair berichten, wissen wir doch längst, aber nun, wo Verlage wie Springer oder Bertelsmann sich sogar ihre eigenen Fernseh- und Radiosender halten dürfen und damit fest im Sattel sitzen, ist das ja fast schon eine Hexenjagt gegen die PDS. Und da habe ich überlegt, ob ich da nicht helfen kann ...

Sie: Wir freuen uns über jeden, der uns freiwillig unterstützen will, Herr Reiser! ... Und gerade jemand mit ihrem Namen kann uns in vorderster Front sehr nützlich sein ...

Rio: Ja, das habe ich mir auch gedacht.

Sie: Lassen sie uns gemeinsam überlegen, was wir machen können. Am besten wäre es für uns natürlich, wenn sie ganz öffentlich in unsere Partei eintreten würden, aber sie haben ja schon verschiedentlich sehr öffentlich gesagt, dass sie nie, niemals in irgend eine Partei eintreten würden.

Rio: Na, weil die meisten Weltenverbesserer immer nur verschlimmbessern wollen ...

Sie: Aber sie als Wessi-Musik-Star, wären uns beim Wahlkampf in den sogenannten Alten Bundesländern sehr von nutzen.

Rio: Ich habe mir auch überlegt, dass es cool wäre, öffentlich in die PDS einzutreten.

Sie: Und woher dieser Sinneswandel?

Rio: Man wird älter ... und ich brauche einfach endlich meine politische Heimat.

Sie: Trauen sie sich das zu? Sie müssten, so öffentlich, wie sie sind, sich schon an die Parteidisziplin halten, sie würden von uns ein wenig ideologisch geschult werden .... obwohl ... bei dem, was sie seit fünfundzwanzig Jahren sagen und singen ist das ja kaum notwendig .... von ihnen, Rio, könnten selbst unsere alten Genossen noch etwas ... und wir würden sie insgesamt, also auch rein musikalisch, vor unseren Karren spannen. Wir als PDS machten bei diesem

Deal den besseren Schnitt, Herr Reiser.

Rio: So entschlossen, wie jetzt, war ich schon lange nicht mehr! Ich wüsste kaum jemanden, der das gesellschaftliche System in der Bundesrepublik sonst noch positiv gestalten kann. Ich denke, die PDS hat die Macht dazu. Noch habt ihr die.

Sie: Rio, bitte glaube mir, diese Macht bekommen wir später, eines Tages vom Wähler auch wieder. Die Zeit arbeitet für uns! Irgendwann geht das Gesellschaftssystem in der Bundesrepublik krachen .... und dann sind wir wieder da ...

Rio: Okay! Wo darf ich unterschreiben?

Sie: Ich hole mal die Unterlagen und ..... brubbel-brubbel-brubbel

⇒ nur noch brubbeln von ihr, immer leiser werdend ... dafür Bürogeräusche und Rotationsmaschinen in den Vordergrund ...
Outro: Scarlett O' & Jürgen Ehle – Lass uns 'n Wunder sein – letzter Satz: Karl-Eduard von Schnitzler "guten Abend".

***

Die morbiden Schlagerschlunzen
allein eingelesen für eine Schlagernacht bei Rockradio.de zum Jahreswechsel 2010/11 hab ich diese beiden

Schlager - Die Musikgeschichte der letzten Jahrhunderte
am 21.10.2010

Sternzeit 23-61-306,12
Hier ist der Computer des Raumschiffs Enterprise.
Anfrage von Capt'n Kirk .... Musik betreffend!
Tut mir leid, Capt'n, dass sie fast drei Minuten auf meine Antwort warten mussten, aber bei dieser Anfrage haben sich doch glatt ein paar uralte Magnetspeicherbänder in meinem Innersten verheddert. Sie fragten an, was es in unserem Archiv zu Thema deutsche Popmusik gibt. Haben sie etwa heute noch ein Date mit der Ur-Ur-Ur-Enkelin dieses Flittchens von Yvonne Knatterbeet? Jetzt passen sie mal genau auf, sie Rillenschlaumeier, sie

undigitalisierter Musikschnösel, sie räudiges Silvesterferkel, ich hab das mal zusammengestellt.

Zum Jahreswechsel 2010/11 machte ein sich selbst überschätzender, ziemlich arroganter Radiomacher Namens Rolf Gänsrich bei einem dieser kleinen, nichtkommerziellen Berliner Hörfunksender „ALEX" oder Rockradio drei Radionächte zum Thema: „Der Deutsche Schlager".

Damit läutete er das Ende dieses Musik-Genres ein.

Nur ein Jahr später wurde der Deutsche Schlager komplett aus dem Musikprogramm aller Radiosender verbannt. Die Interpreten kamen auf den Index.

Als im Jahr 2053 endlich ein angeblicher Musikproduzent Namens Dieter Bohlen, ein Typ, von dem andere behaupteten, er sei einfach nicht tot zu kriegen, an einer Überdosis der Musik des sich immer wieder auflösenden und wieder vereinigenden Duos Modern Talking starb, starb auch die Popmusik.

Knapp fünfzig Jahre später wurde das Internet aufgelöst. Damit war es nicht mehr möglich, Musik und Informationen auszutauschen, ohne sie dabei persönlich zu begegnen.

Im Jahre 2114 wurde nach der Auflösung des Musikrechteeintreibers GEMA jedes gesprochene und gesungene Wort in der Musik verboten. Zwei Jahre darauf verbot man alles Instrumente, weil die Katzen, aus deren Därme man die Saiten für einige Instrumente machte, keinen Kammerton A mehr hergeben wollten.

Kurze Zeit später gründeten sich die ersten Kamm-Orchester.

Die Ausscheidungen von Schild-Läusen kam daraufhin wieder in Mode, denn daraus machte man Schellack-Platten. Die Originale wurden hoch gehandelt.

Auch diese Kammorchester hatten einmal ein Ende, als es dank genetischer Züchtung dauerhafte Haarfrisuren gab und damit Kämme überflüssig machte.

Die Kunst, Musik herzustellen, geriet dann in innerhalb der Menschheit zum Glück in Vergessenheit.

Kinder im Alter bis zu zwei Jahren bekommen von Bekannten, die deren Eltern nicht mögen, oftmals noch Maultrommeln geschenkt.

Allerdings gibt es niemanden mehr, der noch mit drei Jahren eine

Maultrommel spielt. Außer vielleicht unseren Scotti, wenn er sich in unserem Maschinenraum sehr allein mit seiner Antimaterie fühlt.

Es sei noch zu erwähnen, das Romulaner und Klingonen vor einiger Zeit auf ein sogenanntes Musik-Archiv stießen, als sie die Rückseite unseres Mondes versehentlich evakuierten. Seitdem ist die schlimmste Folter, die Klingonen und Romulaner anwenden, das berieseln mit einer Stunde Deutscher Schlager nonstop!

So, Capt'n Kirk und nu zu ihnen! Wollen sie jetzt Blubber-Bläschen-Musik machen oder einfach nur so schnorcheln?

◊ Schlaufe: Beatles – Octopus's Garden
Athmo: beamen Geräusch Enterprise-Brücke

Ich bastel einen Schlager
am 6.11.2010

Einen echten deutschen Schlager zu basteln, ist eigentlich kein Problem. Ich mach das mal jetzt fast in Echtzeit, und in ein paar Minuten werdet ihr sehen, dass selbst ich, der ich keine Ahnung von Musik habe, ich kann keine einzige Note, kann überhaupt nicht singen, habe nur ein Fünfzig-Euro-Keyboard und die Freeware Audacity zur Nachbearbeitung, dass also selbst ich einen eigenen deutschen Schlager produzieren kann.

Ich hab da dieses Jasminchengedicht, das nehme ich mal als Ausgangsmaterial:

Jasminchen, Jasminchen
Du bist ein süßes Bienchen
Ich möchte eine Blume sein
Und du kriechst in mein Herz hinein!
Jasmin, Jasmin
Ich lieb dich in Berlin.

Also von diesen sechs Zeilen nehme ich mal nur die ersten vier

Jasminchen, Jasminchen
Du bist ein süßes Bienchen1
Ich möchte eine Blume sein
Und du kriechst in mein Herz hinein!

Und nun blödel ich mal ein bisschen mit Worten herum, also ... :
Schon am frühen Morgen .... der Morgen ist immer schön, denn
mit den vier Zeilen davor denkt man, ich habe mit Jasminchen
vielleicht schon die letzte Nacht verbracht.
... also ... Schon am frühen Morgen, da liebe ich dich so .... da weiß
man, dass ich die Nacht mit Jasminchen verbracht habe ... da liebe
ich die so .... mh .... ich liebe deine Lippen ... ja! Knutschende
Lippen! Heiß, feurig, erotisch! ... deine Lippen ... und was reimt
sich nun auf „so"? ... Klo? ... Nee, Sex auf dem Klo ist nicht schön.
... so ... so ... liebe ich dich roh ... nein, „roh" assoziiert ollen,
kalten Schinken ... Was hat denn sonne Frau noch so an sich, außer
ihren Lippen und süßen Brüstchen? ... Schenkel! Da hätte ich aber
vorher dichten müssen:
Da lieb ich dich am Henkel,
du hast so stramme Schenkel!
... Nöö, das ist doof! ... so .... so ... mh ... wie wäre es mit „Po". Ein
Po ist immer süß und bei Frauen meist knackig! Was hab ich jetzt?

Schon am frühen Morgen, da liebe ich dich so
Ich liebe deine Lippen und auch deinen Po!

Okay, das kann ich nehmen.
Wovon singen die denn noch immer so im Schlager?
Hiebe, Triebe, Diebe, Liebe?
Vielleicht kann kann man ja was aus Hiebe und Triebe machen?
Aber wie bringt man das zusammen, ohne dass es gleich Sado-
Maso wird? ... Sado-Maso ... das ist eigentlich DIE Idee! Das
drehe ich jetzt mal vom Sinn her um!

Gib mir doch keine Hiebe,
sonst leiden meine Triebe!

Prima! Und hinten an wieder die ersten vier Jasminchen-Zeilen. Das ist dann mein kompletter Schlagertext.

Dann summe ich den Text einmal, dann gibt's wieder den Refrain, dann die ersten vier Zeilen des Textes und als Abschluss nochmal der Refrain. Fertig ist mein Schlagertext!

Ralph Siegel, ick komme!

Also gut, schreiten wir zur Aufnahme!

1, 2, 3 ... Hat mir noch nicht ganz gefallen, also nochmal

1, 2, 3 ... Gut, den kompletten Text hab ich. Nun zur Bearbeitung.

Da leg ich mir jetzt noch etwas Hall drauf. ... Okay ... Um meiner Stimme nun mehr Volumen im Refrain zu geben, dopple ich meine Stimme da jetzt. Das kann ich machen, indem ich den schon fertigen Refrain nochmal daneben kopiere und meine Stimme da elektronisch etwas bearbeite, also die Stimme anhebe oder sowas.

Aber besser ist es, den Refrain nochmal neu einzusingen, denn da wir als Menschen nie ganz perfekt sind, differiert die eigene Stimme dann um ein ganz klein wenig! ... und genau das macht dann diese Stelle etwas voluminöser,

Ich mach das jetzt mal.

Und da mir das noch nicht ganz reicht und ich ein alter Beatles-Fan bin, setze ich dazu nun noch ein paar kleine "Ah-ha-ha's" und "uh-uh-hu's, trenne die Stereospuren und mische das ganze neu!

Nun ist also der Gesang im Sack.

Dann werde ich mir jetzt mal mein Keyboard rausholen und schauen, was passt. Ich versuchs mal mit ein paar vorgegebenen Rhythmen. Mh .... brrr ... gefällt mir nicht wirklich.

Dann trommel ich das jetzt mal selber, schaue, ob die Keyboard-Trompete passt und mische das ganze unter den Gesang.

Ready!

Jetzt brauche ich nur noch einen Typen wie Dieter Bohlen oder Ralph Siegel, die den Quatsch auf Polydor oder bei der Hansa veröffentlichen! Das könnte durchaus ein Hit werden!

So simpel produziert man einen deutschen Schlager!

***

Die Carpenters-Hörspiele – in der Zeit, als mein Vater starb, begonnen, lange liegen gelassen, 2015 textlich endlich beendet und aufnahmebereit. Und dann kam terminlich immer etwas dazwischen. Letztendlich in der Corona-Zeit, als ich den OKbeat nur ohne Gäste machen konnte, im Frühjahr und Sommer 2020 live und allein im Studio gelesen.

Carpenters – Hörspiel I
am 24.1./14.12.2010

Athmo: Paul McCartney – McCartney I – Seite B – Momma miss America – Schlagzeugintro immer und immer wiederholen / knarrende, aufgehende Kellertür / etwas Hall auf die Stimmen, damit der Gewölbecharakter stimmt

Personen: Mutter, Karen, Richard Carpenter

Mutter: Mein Gott, Kind, was machst du denn heute schon wieder?
Karen: Wieso? War ich zu laut?

Mutter: Laut ist gar kein Ausdruck!
Karen: Ihr habt Richard und mir doch extra diesen Keller für uns eingerichtet ...

Mutter: ... aber doch nicht für diesen Radau!
Richard: Ma, lass sie doch üben!

Mutter: Halt du dich da raus, Bürschchen, zu dir komme ich gleich noch!
Richard mault: ... wäh-wäh-wäh-wäh ....

Karen: Ihr wisst doch, dass ich vom Schlagzeug nicht ab kann.
Mutter: Nicht nur, dass ihr zwei eure Schule vernachlässigt, nein jetzt zerschlagt ihr auch noch mein gutes Geschirr.

Karen: Das steht oben in der Küche, Mutter!
Mutter: Aber bei dem Radau, den du machst, zerspringen meine

ganzen Sammeltassen und das gute Meißner, das damals schon eure Ur-Ur-Großtante bei ihrer Hochzeit erbte und das kam noch von ihrem Großonkel aus Berlin in old germany! ... Nee Kind, bei diesem Radau gehen nicht nur Kaffeetassen zu Bruch. Was sollen nur unsere Nachbarn denken, wenn du ständig wie so ein Neger auf die Trommeln haust und obendrein auch noch diese Dschungelmusik von den Beatles spielst!

Richard: Aber sie kann das doch richtig gut, Mutter! An Ringo Starr kommt sie langsam ran und den Charlie Watts macht sie doch glatt platt!
Karen: Na, ich bemühe mich.

Richard: .... und wenn du dann noch singen würdest. Du hast ein schönes Stimmchen ....! Das hat sie doch, nicht wahr, Mutter?
Mutter: Naja, für unseren Kirchenchor reicht's wohl. Wir sind schließlich eine gottesfürchtige Familie und wenn da einer von uns zu seinem Wohlgefallen, im Chor so singt, wie unsere Karen, dann kann das nicht so schlecht sein, sondern ist dann wohl doch ein Zeichen von oben. .... Sing lieber weiter in unserem Kirchenchor mit, Karen, anstatt so einen Unfug, wie hier im Keller zu veranstalten und uns das ganze Geschirr einzuschlagen. Sieh mal, sogar der Putz am Fundament unseres Hauses bröckelt schon durch deinen Lärm. Lern lieber was Ordentliches und Gescheites! Du sollst schließlich mal eines Tages eine fürsorgliche Ehefrau und eine liebende Mutter werden.

Karen & Richard: Och ... Nee .... Nee .... Mutter!

Mutter: Und du, Bürschchen, machst schön die Highschool fertig und wirst dann eines Tages mal ein berühmter Anwalt, ein Zahnarzt, oder gar Senator.
Richard: Und was mache ich dann mit meinem Klavier? Soll ich mir dann etwa einen Flügel in meine Arztpraxis stellen und den jeden Tag anhimmeln und mich selbst bedauern, während ich anderen Leuten IHRE Zähne ziehe?

Mutter: Musik machst du jedenfalls nicht. Oder willst du mal so enden, wie dieser pickelige, langhaarige, wie hieß er doch gleich ... wie dieser Buddy Holly?

Karen: Der ist bei einem Flugzeugabsturz ums Leben gekommen, Mutter und hat nicht gesoffen, wie dein geliebter Dean Martin oder dieser schleimige Bing Crosby.

Mutter: Aber dieser Mister Holly, hat genauso eine Hottentottenmusik gemacht, wie das, was ihr hier unten .... aber, was rege ich mich da als alte Frau noch auf. ... Ab jetzt, Hände waschen! In fünf Minuten gibt's Abendbrot! Und denkt euch schon mal eine gute Begründung für euren Vater aus, falls der eure Hausaufgaben noch kontrollieren will. Ich gehe jede Wette ein, dass ihr die wieder nur husch-husch gemacht habt, um möglichst schnell wieder in diesen muffigen Keller hier zu gelangen.

Karen: Wir können ja künftig auch in der Garage proben!

Richard: Sei jetzt nicht aufmüpfig Karen!

Mutter: ... Kinder! ...

Athmo: knarrende Dielen, als Mutter geht, im Hintergrund und leiser werdend, wird Beatles-Lovely Rita eingespielt, bis „oben" Tür zugeschlagen wird.

Carpenters-Hörspiel 2
am 19.1.2011

Athmo: Theater mit vielen Leuten
Oper – vielleicht Carmen - eine Diva trällert
Regieanweisung: die Akteure sprechen recht gedämpft
Personen: Richard, Karen und fremder Mann

Richard: Das könntest du doch auch

Karen: ..... pssst ...

Richard: Doch! ... Wirklich! ....

Karen abwehrend: .... mmm ..... mmm ....

Richard: Du kannst singen, Schwesterherz!
Karen: Ich bin doch kein Grüner Südost-taiwanesischer Zwerg-Keim-Drüsen-Triller-Säbelschwanz-Pfeiff-Gelbbauch-Schwarm-Flatter-Schrei-Hauben-Tschilpling!

Richard: Nein, das nicht, aber ich finde, du hast eine einmalig schöne Stimme.
Karen: Du verstehst es, dich bei mir einzuschleimen. Einmalig ist meine Stimme sicher schon, aber bestimmt nicht schön.

Richard: Aber wenn ich es dir sage, Karen, du hast eine wunderschöne Stimme! Das sagen nicht nur die Leute aus unserer Kirche, wenn du dort im Chor singst, das sagen alle! Und wenn Gott dir solch eine Stimme schon geschenkt hat, warum benutzt du sie denn dann nicht, zum Teufel noch mal?
Karen: Das Fluchen musst du aber auch erst noch üben.

Leute drum herum: .... Pssst ... etwas Pause, dann weiter ....

Karen: Was willst du von mir? Willst du, dass ich mal wieder eines deiner Lieder singe?
Richard: So wie dieser George Bizet müsste man arrangieren können. Volles Orchester, Streicher, Bläser, Chor ... und alles verpackt in wunderbare Harmonien... .... ähm, was hast du gesagt?

Karen: Was willst du? Warum hast du vorhin wieder mit meiner Stimme angefangen? ... Nun sieh dir mal da hinten auf der Bühne diese schmächtige Statistin an! Wie kann mal als junge Frau schon so ein Bäuchlein haben und das dann auch noch so unvorteilhaft zu verbergen versuchen?
Richard: Weiß gar nicht, was du hast! Ist doch ein süßes Schnuckelmäuschen! Eine Frau muss doch kein so dürres Gerippe sein! Du, Schwesterlein, hast doch auch deine Rundungen an den richtigen Stellen. ... Was ich will? ... Ja, ich möchte, dass du meine Lieder singst. Wer ist besser dazu geeignet?

Leute drum herum: .... Pssst ...... wieder etwas Pause, dann weiter .....

Karen: Du weißt, wie ich dazu stehe, Richard. Ich bin in erster Linie Drummerin! Ich finde das ja auch gut, was wir musikalisch zusammen auf die Beine stellen, aber ich spiele am liebsten einfach nur mein Schlagzeug!
Richard: Bei deiner Stimme ist das reine Verschwendung.

Karen: Ich hab dir ja gestern auch gerade wieder gesagt, dass ich gern deine Stücke weiter träller, bis du einen Ersatz für mich hast. Es gibt so viele gut aussehende Frauen. ... Bei denen hast du doch Chancen, Bruderherz! .... Vielleicht solltest du einfach mal wieder etwas öfter unter Leute gehen.
Richard: Das hab ich ja auch vor! Außerdem lerne ich ständig genug tolle, gut aussehende Frauen mit tollen Stimmen kennen, aber deine Stimme ist nun mal die, die mir beim Songwriting vorschwebt. Schlagzeug spielen kannst du doch auch noch weiterhin ....

Viele Leute drumherum: .... Pssst ....

Fremder Mann: Ich schiebe dir gleich einen Schlagzeugknüppel in den Allerwertesten, wenn ihr nicht gleich ruhig seid. Carmen kommt ja überhaupt nicht in Ruhe zum Sterben, bei eurem Krach!

Viele Leute: ... Pssst ......

Carpenters Hörspiel 3
am 21.1.2011 / 9.4.2014

Einstieg: Herb Alpert – A Banda / Ende mit McCartney – Uncle Alpert
Athmo: nur eine Spur Musik von Herb Alpert leise im Hintergrund
Personen: Herb Alpert, Richard, Karen

Herb Alpert: Hallo! Schön dass sie da sind. Sie sind also die Carter-Family! Haben sie irgendwas mit Johnny Cash zu tun?
Richard: Die Carpenters sind wir, Mister Herb Alpert!

Herb Alpert: Ach ja, richtig. ... Na, sonst hätte ich sie ja auch nicht eingeladen. Wir machen schließlich keine Western-Musik hier, sondern angenehmen Jazz. ... Warten sie mal, ihre Demos hab ich hier doch irgendwo...

Athmo: Man hört was poltern .... mehrere Dinge werden umgestoßen, dann läuft auf derselben Spur, auf der Herb Alpert spricht, „Ticket to ride" von den Carpenters kurz an.

Herb Alpert: Das mein ich.
Karen: Ja, das sind wir! Zweifellos.

Herb Alpert: Können sie das auch live?
Richard: Das ist live!

Herb Alpert: Na ich meine, das Schlagzeug?
Karen: Ich bin das.

Herb Alpert: Am Schlagzeug?
Richard + Karen: Sie wiederholen sich!

Karen: … nicht gut?
Herb Alpert: Besser als Ringo Starr!

Richard: Der kann aber auch nicht trommeln!
Herb Alpert: Ringo Starr ist besser, als sein Ruf, weil er die Drums genau so einsetzt, wie sie eingesetzt werden sollten. Da ist kein Schlag zu viel. Und wenn ich den Vergleich wagen darf, verehrte Karen, dann stehen sie Ringo in nichts nach. Einfach großartig, junge Frau! Wirklich!

Karen: Ich erröte!
Richard: Und singen kann sie doch auch?

Herb Alpert: Singen kann sie. Und das Interessante ist, Karen, ihre Stimme ist relativ unverwechselbar. Wenn man die bei der Endmischung des Songs noch ein wenig heraus kitzelt, wird das zu einem absoluten Alleinstellungsmerkmal ihres eigenen Sounds! Ein Duo wie die Everly Brothers mit eigenem Sound. Ich meine, so eine Eigenart kann natürlich auch nach hinten los gehen, …. also den Leuten gefällts oder es gefällt nicht … aber … nein … ich denke, das wird hundertprozentig ankommen.

Karen: Aber singen kann ich doch nun wirklich nicht. Zu kehlig für mein Empfinden.
Herb Alpert: Für mein Empfinden nicht!

Karen: Na was denken sie wohl, warum ich mich immer lieber hinter der „Schießbude" verstecke. Da sieht man mich wenigstens nicht. … Mich nicht und meinen Bauch auch nicht. Und gesungen hab ich bei diesen Aufnahmen hier nur, weil Richard niemand anderes dafür hatte.

Richard: Du irrst, Schwesterherz.
Herb Alpert: Und damit haben sie Recht, lieber Richard. Ich hätte sie heute nicht zu diesem Gespräch gebeten, wenn ich nicht vollends mit ihnen beiden und mit dieser Aufnahme von Ihnen im gesamten zufrieden wäre.

Karen: … singen kann ich doch aber nicht....
Herb Alpert: Okay, auch wenn sie, liebe Karen, es nicht glauben, ich glaube an sie. Und Richard, ihre Arrangements sind auch nicht ohne. Wo haben sie sich das abgeschaut?

Richard: Ich bin einfach ein Freund großer Orchester. Es gibt doch nichts schöneres, als den Sound einer satten Big Band, als den Sound eines kompletten Filmorchesters, mit wimmernden Geigen, aufpeitschenden Bläsern, so wie bei ihnen, verehrter Herr Alpert, mit dezenten Harfen, pompösen Standpauken und swingenden Bratschen.

Herb Alpert: Nun ja, nachdem wir uns nun gegenseitig Honig ums Maul geschmiert haben, wollen wir mal zum geschäftlichen Teil unseres Gesprächs kommen?

Karen: Ja … , also, …. ich würde gerne in ihrem Orchester trommeln. Und der gute Richard wird ihnen sicher gern auch das eine oder andere Arrangement schreiben. Bleiben nur noch die Konditionen, zu bis denen wir „ja" sagen können.

Richard: Schwesterlein, was redest Du da? Für Herb Alpert zu arbeiten, ist schon eine Ehre an sich. Da redet man nicht noch über Konditionen!

Herb Alpert: Mit -nichten. Ich muss sie enttäuschen! Ich wollte sie nicht in meiner Band haben!

Karen und Richard: … sondern? …

Herb Alpert: Ich schlage ihnen jetzt mal einen Deal vor …. und bitte antworten sie erst, wenn ich ausgeredet habe. …. Sie produzieren als Duo „Carpenters" eine erste Platte auf meinem Lable. Bedingung ist, dass sie, Karen, die Stücke auch einsingen und Richard arrangiert. Ich lasse ihnen dabei freie Hand. Zu ihrer …. und meiner … Sicherheit, sie verstehen, ich bin auch nur ein Geschäftsmann, …. bekommen sie von meinem persönlichen Freund Burt Bacharach exklusiv eine Hand voll Songs auf den Leib geschrieben und um das Album dann noch voll zu kriegen, darf auch Richard ein paar seiner Songs beisteuern. Läuft dieses erste Album gut, gibt's ein zweites … und so weiter … wir machen da jetzt nichts Schriftliches. Läuft dieses erste Album entgegen meiner Erwartung aber nicht, hat sich der Deal erledigt.

Richard: Wir machen den Deal!

Karen: Eine Bedingung habe ich aber noch:

Herb Alpert: … und die wäre …

Karen: Ich bin in erster Linie Drummerin!

Carpenters Hörspiele – Teil 4
am 9./16.4.2014/28.8.2015

Einstieg: Ende eines Live-Songs - Athmo: Applaus
Personen: TV-Ansager, Richard, Karen

Situation: Sie sehen sich ihren Auftritt vom letzten Abend im Fernsehen an – heißt: TV-Ton und Ansagen kommen blechern und „aus dem Eimer" = hohle Faust!

1 - Ende eines Live-Songs – We've only just begun – Applaus – man hört ihre beiden Schritte, wie sie sich hallig durch dunkle Gänge entfernen

Karen: War gut, das Konzert
Richard: Schauen wir uns morgen mal die TV-Aufzeichnung an.

2 – TV-Ton im Hintergrund …. etwas blechern ….

Karen: nette Aufzeichnung ….

Eine Bierflasche wird geöffnet und wer gießt sich ein Bier ein …

Richard „ Ja ja … diese vier riesigen Fernseh-Kameras ..."
Karen: „Hab ja manchmal kaum noch die erste Reihe des Publikums gesehen."

Richard: und siehste, da diese geifernden Typen hinter uns am Bühnenrand?
Karen: Ja und stell dir mal vor, der eine von denen wollte mir ständig seinen Hotelzimmerschlüssel geben. Und gestunken hat der … nach Alk, nach Männerschweiß, nach billigem Rasierwasser …

Fernsehton – läuft etwas …

Karen: … und dass die einem ständig diese Krüppel in die erste Reihe setzen …

Richard: Das hat mir doch auch schon mal der John Lennon backstage erzählt, dass man denen bei den Beatles ständig, als wären die damals die Heilsbringer gewesen, so'ne Leute in die ersten Reihen bei den Konzerten gesetzt hat. Da war nichts mit schnuckeligen Frauen! ... Das hat ihn dann ja auch zu seinem Song „Crippled inside" inspiriert.

Karen: ... sieh mal, da hat aber der Kameramann gepatzt ...
Richard: Soll ich nochmal schnell den Zimmerservice rufen und uns 'ne Pizza bringen lassen?

Karen: Ach, lass mal, jetzt noch nicht. ... Was ist das denn da für ein Bildschnitt! Hat da die Regie gepennt?
Richard: Na diese alten, arroganten Säcke von der CBS haben doch überhaupt keine Ahnung von modernem Fernsehen.

Karen: Was ist denn das? Au weia! Hab ich etwa immer so'n Bauch?
Richard: Wo hast du denn Bauch?

Karen: Na sieh doch mal! ... 'ne richtige Fettfalte hab ich da! Hab ich die da sonst auch?
Richard: Quatsch! Frauen müssen griffig sein!

Karen: Du sagst also auch, ich sei fett.
Richard: jetzt spinnst du

Karen: Na sieh doch mal! Jetzt wieder diese Kameraeinstellung von unten nach oben! ... Oh, mein Gott! Ich sehe ja aus, als sei ich Schwanger!
Richard: Das ist doch nur die Kameraperspektive.

Karen: So ein Unsinn! Und ich hatte mir vorher noch überlegt, ein anderes Kleid anzuziehen ... Was werden jetzt nur unsere Fans sagen ...
Richard – sarkastisch: Die werden von der dicken, fetten, unförmigen Karen reden und die kleinen Jungs werden Nachts ihre

Hände unter ihre Bettdecke schieben und > ach Karen, ach Karen < vor sich hin stöhnen.

Karen: ich mache für die CBS nie wieder etwas …
Richard: ich werde morgen dieses Kleid an die Obdachlosenhilfe spenden!

Karen: Ab morgen Sport, gesunde Ernährung, Mahlzeiten ausfallen lassen, auf Alkohol verzichten....
Richard: … 'n Joint auf nüchternen Magen soll aber auch nicht so gesund sein. …

Karen: … und ein paar gut gebaute, athletische Jungs für die Matratze …
Richard: Jetzt flippe nicht aus … wir können ja künftig nur noch in Hotels mit Pool absteigen und dann gehst du vor jedem Konzert erstmal 'ne runde mit dem Weißen Hai um die Wette schwimmen.

Karen: Du nimmst mich nicht erst, oder?
Richard: Hab ich das je?

Karen: … gute Nacht, Richard!
Richard: Warte, ich bestell Dir noch 'n Lift-Boy zum Bauch-Liften

Fernseherton ausblenden - Beatles – Live 1962 in Hamburg – your feeds too big ...

Carpenters Hörspiele - Teil 5
am 28./29.8.2015

Personen: Herb Alpert Alpert, Richard und Karen, Kellner/in
Einstieg: George Harrison – Apple Scruffs
Athmo: Gaststätte / Kantine
Ausstieg: Pommes rot weiß

Herb Alpert langsam lauter werdend, weil näher kommend:
Na, da seid ihr ja, ihr beiden.

Man hört, wie er sich in einen ledernen Sessel setzt.

Herb Alpert: willkommen zu unserem kleinen Arbeitsessen.

Richard: Arbeits-Essen ist gut. ... Was gibt's denn nun schon wieder zu feiern?
Karen mäkelt im Hintergrund: .... puhä ... essen ...

Herb Alpert: Eure neue Platte, die gut läuft! Eure Show's, die gut laufen? Habe jetzt sogar ein Angebot aus Moskau bekommen, aber das dankend mit dem Hinweis abgelehnt, wenn wir kommen, dann nur mit kompletter Bigband und nicht nur wir drei. Und das wollten die nun auch wieder nicht.

Richard: Na dann mal her mit den saftigen Spareribs, dem mürben, texanischen Rinder-Steak und der leckeren Putenbrust aus Wyoming! .... und nicht zu vergessen, der Mais aus Indiana, die Butter aus Ohio, die Kräuter aus Pennsylvania und das Quellwasser aus den Rocky's ...

Karen: Bruderherz, ich muss mich gleich übergeben. ...
Richard: Mache ich dir gar nicht den Mund wässerig?

Herb Alpert: Seht ihr, genau darüber wollte ich mit euch auch noch reden... ...

Die Bedienung funkt dazwischen: Haben die Herrschaften schon gewählt?

Richard: Nein, noch nicht, aber ich meine, eine herzhafte Westernplatte haben sie sicher hier in einem Indiana-Buffalo-Restraurant, oder?

Bedingung: Natürlich! Wollen sie die big, bigger oder biggest! Wenn sie unsere Biggest-Western-Platte nehmen, bekommen sie zusätzlich noch einen Becher mit zwei Liter Cola zu dem Menü, eine Styropor-Papp-Kiste zum Mitnehmen der Reste und eine

Biggest Bigger Klorolle mit Krepp-Papier aus echten Truthahndärmen ... wenn sie wollen ...

Herb Alpert: Na die nehmen wir doch glatt, ... drei mal?

Karen: Ihr wollt mich wohl vergiften. Ich nehme eine kleine Flasche deutsches Mineralwasser und bediene mich ansonsten am Salatbuffet vorne.

Bedienung: Sehr gern!

Man hört, wie jemand, Karen, aufsteht und sich entfernt.

Herb Alpert mit gedämpfter Stimme: Karen sieht schlecht aus.

Richard gedämpft: Weißt du, dass sie nur noch 39 Kilo wiegt ... und das bei einer Körpergröße von 1,63 m! Ich hoffe ja immer, wenn ich ihr was voresse, bekommt sie irgendwann mal selber Appetit, aber ist nicht. Sieh mal, was sie da auf ihrem Teller an bringt! Ein halber Apfel, drei Scheiben Orange und ein Viertel Tomate.

Herb Alpert, laut: Liebste, das ging ja schnell am Buffet! ... Aber, da futtert ja mein Hamster mehr, als du hier auf deinem Teller hast.

Karen, leicht weinerlich: Was soll ich denn machen? Ich weiß doch, dass ich zu wenig esse...

Herb Alpert: Und genau darüber wollte ich mit euch noch sprechen. Selbst die Fans merken mittlerweile, dass irgendwas mit dir, Karen, nicht stimmt.

Karen: Mir wird bei dem Gedanken an Essen einfach nur schlecht.
Richard: Aber ich begreife das nicht. Essen ist doch was schönes, was Genussvolles. ... wenn du am Schlagzeug sitzt, genießt du das doch auch!

Karen: Das ist etwas anderes! Am Schlagzeug fühle ich mich wohl, aber in meiner Haut nicht.

Herb Alpert: Du fühlst dich in deiner Haut nicht wohl? Wie soll ich das denn verstehen? Du bist doch der Hingucker auf der Bühne!

Karen: Ich kann es nicht beschreiben! Wenn ich an Essen denke, wird mir schon schlecht. Ich fühle mich einfach nicht mehr wohl! … so insgesamt nicht!

Richard: Vielleicht sollte ich dir regelmäßig gut gebaute Herren aus den umliegenden Fitnessclubs … zuführen. Das hilft bestimmt. Und ansonsten, du weißt, womit ich mich fit halte. Ich kann den nächsten Dealer mit dem weißen Pulver auch gern mal bei dir klopfen lassen. Heißt ja nicht umsonst „Koks". Heizt von innen ganz hervorragend!

Herb Alpert: Also Richard, hör auf mit dem Quatsch, das hilft Karen garantiert nicht weiter. Wie wärs, Karen, wenn ihr euch musikalisch mal für eine Zeit lang trennt und ihr Solopfade beschreitet. Vielleicht fühlst du dich ja damit besser.

Karen: … mh … das wäre eine Möglichkeit …

Herb Alpert: Und dann machst du ganz nebenbei noch eine ordentliche Therapie. Ich kenne da einen hervorragenden Psychologen. Du gehst nach New York ins Regency Hotel, um Doktor Steven Levenkron für eine Therapie gegen Magersucht aufzusuchen. Levenkron ist einer der bekanntesten Ärzte auf diesem Gebiet. Er hat erst vor kurzem ein Buch zu dem Thema veröffentlicht, das allgemein große Aufmerksamkeit bekam.

Karen: Kannst du über unsere Sekretärin einen Kontakt zu dem herstellen? … oh mein Gott, da kommt euer Essen … ich muss kotzen …

Carpenters: we've only just begun – erste Strophe
Athmo: Eine Türglocke läutet - Zwischenteil von City – am
Fenster – mit der umfallenden Gitarre und dem weiter führen des
Songs ... Türglocke läutet erneut - mit Beginn des Liedgesanges
ausfaden und Tür öffnen - Wohnzimmerathmo schaffen, im
Hintergrund was Klassisches laufen lassen (Hayd'n, Bach,
Feuerwerksmusik oder Brandenburgische Konzerte)
Personen: Richard & Karen und alle Stimmen, die Greifbar sind

Richard: Da bist du ja endlich, Lästerschwein ... ähm ...
Schwesterlein. Gut schaust aus. So richtig schön pummelig. Aber
an Miss Piggy aus der Muppet-Show kommst du noch längst nicht
ran.

Karen lacht: Mach du mir mal noch Scherze. Hast mich doch
schon die ganzen letzten Wochen fast täglich gesehen, seit ich von
New York zurück hierher nach Kalifornien umgezogen bin. Es ist
so wundervoll, sich endlich wieder wohl in der eigenen Haut zu
fühlen!

Richard: Na das höre ich doch sehr, sehr gern. Was hast du heute
zum Frühstück gegessen?
Karen: Arme Ritter mit magerem Speck, so wie Grandma sie
immer gemacht hat.
Richard: Wie bist du drauf gekommen? Hast du dir den neuen Film
mit Dustin Hoffmann angesehen? Kramer gegen Kramer ...

Karen: Ja, genau, ... diese Küchenszene am Anfang und fast am
Ende, nur dass ich das Brot obendrein angetoastet hab. ... und
weißt du, bevor ich hier zu dir hinauf ins Studio kam, war ich noch
beim Mexikaner an der Ecke und hab uns für nachher noch leckere
Tortillas mit Hühnchenfüllung geben lassen.
Richard lacht: Nun wirst du aber übermütig! Was sagt denn dein
Kardiologe? Verkraftet dein geschwächtes Herz deine neue

Körperfülle und den Stress, den du dir hier mit den Aufnahmen antust?

Karen: Du, ehrlich. Was mein Arzt sagt oder nicht sagt, interessiert mich nicht. Weißt du, Richard, ich fühle mich gerade so lebendig! Ich könnte die ganze Welt umarmen und Bäume ausreißen!

Richard: Dann lass es mal bei Bonsai's! Hat zu deinem Wohlbefinden auch der kleine Tontechniker aus dem A&M-Studio beigetragen, der dich dort immer mit Negerküssen und wer weiß was noch allem, füttert?

Karen kichert: Lassen wir es dabei bewenden, Bruderherz, und uns an die Arbeit machen. Ich möchte mit dir heute die Endabmischung für >Now< machen. Und anschließend schon einmal über das Konzept für das dann folgende Album reden.

> Now wird eingespielt <

Hall – mehrere Stimmen, alle Stimmen, die ich bekommen kann – Notfalls auch mit dem mobilen Aufnahmegerät.

Karen ist tot! Karen ist tot! Karen Carpenter ist tot! Karen ist tot! ... ...

> Karens Theme drunter legen <

Nachrichtensprecher mit Tröte vor dem Mund:
In der letzten Nacht, am 4.Februar 1983, wurde Karen Carpenter von Freunden nach einem Herzinfarkt bewusstlos in ihrer Wohnung in Downey aufgefunden. Kurz nach ihrer Einlieferung ins örtliche Krankenhaus verstarb sie. Sie war 32 Jahre alt. Der Autopsiebericht nennt als Ursache Herzschädigung durch Emetin, eine Substanz, die beispielsweise bei Magersucht zur Herbeiführung von Erbrechen verwendet wird.

> der letzte Akkord von Beatles – Anthology 3 <

Stammtisch

Eine Radiokollegin hatte sich vor einigen Jahren ein Format ausgedacht, das ich ziemlich cool fand. Es hieß "drei Fragen" oder so und darin stellte sie "Promis" (Prominent ist der, den Du in Deinem Lebensumfeld für einen "Star" hältst. Dein Nachbar hat vermutlich ganz andere "Helden".) nur drei Fragen. Als Radioeinspieler genial, weil kurz. So kam ich auf die Idee mit den Mini-Hörspielen. Beste Comedy-Tradition in Form der Screwball-Komödie. Einmal hin, einmal her, Ende. Der Einspieler immer gleich. Das Wort "Stammtisch", ein Musikakkord und dann drunter Gaststättengeräusche gelegt. Ein Satz hier, darauf die Gegenreaktion, mehr nicht. So um die 25 sec lang. Und weil es den Aufwand nicht wert ist, jedes dieser Dinger einzeln aufzuzeichnen, das ganze als Staffeln gemacht. Erstausstrahlung im OKbeat, Nachnutzung bei Rockradio.de

Staffel 1

1. "Wat passiert, wenn Denken und Handeln im Widerspruch zu einander stehen?" "Denn hau ick dir inne Fresse, obwohl ick dir eijentlich knuuutschen müsste."

2. "Du, ick hab jehört, det Ausländer am liebsten noch lebende Kinder fressen." "Wenn 't schmeckt..."

3. "Du, wenn der Truthahn trötet, wat trötet er denn dann?" "Trautchen! Komm ma hinter dein Tresen vor! Kalle will wissen, ob du ihm eene kellst, wenn er dir anflirtet!"

4. "Du, kann man Pfandflaschen ooch uff de hohe Kante legen?" "Du, Keule, die Mauer is hier in Berlin schon lange wech!"

5. "Du, ick spare jetzt det Jeld von meene janzen Pfandflaschen, um meene Ollsche mal Blumen in Form von Biertulpen koofen zu können." "Tja, hast du keene Pinke-Pinke, macht deine Freundin Winke-Winke!"

6. "Int Radio hat jestern eener jesacht, det fast Radiomodis lügen!" "Na, det is jetzt aber 'ne dreiste Lüge!"

7. "Kannste mir mal sagen, wie spät et is?" "Tut mir leid, ick bin nich von hier!"

8. "Du, wat sind 'n Mäuschekübsche?" "Det muss sowat, wie Flötentunka sein!"

Staffel 2

1. "Deine Olle backt jerne?" "Ja, jedet mal, wenn ick aus de Kneipe nach Hause komme, steht se mit'n Nudelholz hinter der Türe!"

2. "Kennst Du eijentlich Milchreis? … so, na Milchreis eben?" "Ja, sowat kann man essen."

3. "Kann man mit Schlager eijentlich ooch Leute erschlagen?" "Ja, na wenn du zum Bleistift im OKbeat Helene Fischer spielst, wirst du vermutlich von die Hörer erschlagen!"

4. "Du, sag mal, ist Berlins Regierender Bürgermeister Michael Müller zufällig verwandt mit dem Fußballspieler Gerd Müller oder mit der Molkerei „alles Müller oder was"?" "Da musste mal Frau Müller fragen!"

13. "La-Le-La-Lu, La-Le-La-Lu, La-Le-La-Lu …" "Er sang und sang und sank immer tiefer."

5. "Du, sag mal, was ist denn das hier in der Flasche Wodka? Büffelgras?" "Wunder mir ja ooch schon. Ick dachte immer, Gras rooocht man!"

6. "Mönsch Kalle, meene neue Freundin ist fast jenau zwanzig Jahre jünger, als wie ick!" "Also stell dir mal vor, wenn die dich mal heiratet, wat die dann für'n allen Sack kriegt!"

7. "… die Nieren … " "Det kannste hier nich!" "Die Nieren …" "Det hier is 'ne Kneipe! Hier krichste höchstens Bockwurscht! Ordentlich dinieren kannste hier nich!" "Mönsch du oller Hammel, lass ma doch mal ausreden! Ick wollte sagen, wenn du Schweine-Nieren kochst, stinkt deine janze Bude nach Pisse!"

8. "Meine Olle hat sich jetzt die Haare jefärbt. Sie sacht, sie braucht wat Neues in unsere Beziehung." "Na darum vögelt sie ja jetzt ooch mit mir!"

9. "Also wenn det Bier hier nicht so kalt wäre …" "… wäre es vermutlich wärmer …"

10. "Meine Olle hat heute Tomatensalat jekocht!" "Na deine Olle kocht ja ooch immer!"

11. "Um Punkt voll soll ick zu hause jehn, hat meine Olle jesacht." "Na denn haste ja noch massig Zeit. Bisher biste ja erst halb besoffen."

12. "Wenn sich meene Olle wat antut, bin ick dann der glückliche Witwer?" "Witwer biste denn schon, glücklich is aber deine Ollsche, weil se dir für immer los is."

Staffel 3

1. "Also wenn die Merkel nächstes Jahr bei der Bundestagswahl nicht gewinnt, wer spielt denn dann die Merkel? Weeßt du det?" "Na da musste mal deinen Ober-Sozi Gabriel fragen!" "Na der weeß det doch ooch nicht." "Siehste!"

2. "Du, die Fische in mein Aquarium sind aber 'n paar janz dämliche Viecher!" "Kenn ick, kenn ick. … Die sind wie Kamele, haben nur nicht so'n langen Schwanenhals! Fische vermehren sich, wie die Karnickel, fressen, wie die Schweine, sind faul, wie Hunde und blöd wie'n Schaf!" "Bei dir ist aber ooch nüscht vegan, wa?"

44

3 "Meine Freundin kocht abends erst Strammen Max und dann Birne Helene!" "Wat denn, seid ihr etwa unter die Kannibalen gegangen?"

4. "Du, vorhin hat mir die Rita von hintern Tresen zugezwinkert. Ob die jetzt 'n Auge auf mich geworfen hat?" "Du kannst beruhigt sein. Ihr sind nur ihre falschen Wimpern beim zapfen verrutscht und zum Teil in dein Bierglas gefallen. Rita hat janz andere uff'n Kieker, als dir!"

5. "Du, ick gloobe, meine Freundin wird mir langsam untreu. Neulich sagte sie mir, der Meister Propper riecht immer so gut!" "Na da musste mal richtig arbeiten, dass du nach echtem Männerschweiß miefst und ihr anschließend deinen Weißen Riesen zeigen!"

6. "Mensch, det mieft aber janz schön nach Gras heute!" "Wieso? Hier wird doch gar kein Rasen gemäht!" "Nach Grass, riecht es, … nach Grass … "

7. "Im Herbst fallen die Blätter!"
"Na Donnerwetter"
"Im Frühjahr sind sie wieder dran."
"Nun sieh mal einer an!"

8. "Meene Olle sagt, ick soll mal wieder richtig wo arbeiten?" "Weeß deine Olle überhaupt selber, wat Arbeit ist?" "Du, weißte, wat komisch ist? Das Amt sagt, ich bin schon viel zu alt und viel zu krank zum richtig arbeiten und für die Rentenversicherung bin ich noch viel zu jung und zu gesund."

9. "Mein Vermieter möchte jetzt wieder zwanzig Prozent mehr Miete!" "Na haste mal dein' Chef gefragt, ob er dir auch zwanzig Prozent mehr an Netto-Gehalt schenkt?"

10. "… und an Weihnachten gibt's bei mir Gänsebrust." "Hö, hö, kochste dich etwa selber?"

11. "Det Amt will, dass ick jetzt 'ne versicherungspflichtije Tätlichkeit uffnehme!" "Wieso denn det jetzt. Du kriegst doch als Rentner eh nur Grundsicherung!"

12. "Mein neuer Chef im Callcenter hat jesacht, ick soll unsere Kundschaft notfalls belügen und lügen kann ich doch so schlecht." "Aber bei deine Olle kannste det?"

13. "Also Indianer legen gerne Wasser in ihre Spankörbe und braten es." "Woher weeßt 'n det schon wieder?" "Det hat mir der Gärtner vom Humboldthain erzählt, bei dem ick immer mein Grass koofe!"

14. "Sag mal, wie schafft es Deine Freundin immer noch, so jung aus zu sehen?" "Sie sagt, das sei ihr Lift-Boy!" "Ja, ja, es heißt ja auch, die Fritteuse erspart dir den Homeofficer!"

15. "Herr Ober, 'n Jägermeister bitte!" "Watt denn, biste unter die Kannibalen gegangen? Bei mir bleibts rein Vegan. Herr Ober, mir bringen sie bitte 'n Tannhäuser!"

16. "Ich hab vorhin 'n kühles Bier und 'n heißen Grog bestellt und stell dir mal vor, was der Ober bringt? Ein heißes Bier und 'n kalten Tee!" "Ach deshalb hat dieses eklig heiße Bier so nach Rum geschmeckt."

17. "Du, die Rita von hintern Tresen hat aus dem Rest Kartoffelsalat von gestern echt vegane Bouletten für heute gemacht." "Ach deswegen fehlen die Hufnägel! Und ick dachte schon, dass das Fleisch von dem Gaul, von dem das Hackfleisch stammte, sehr lange abgehangen haben muss, weil die Boulettenpampe so mürbe war."

Staffel 4

1. "Du, ick muss jetzt mal in den nächsten Puff!" "Wat denn, bist du unter die Lokführer gegangen und gehst im Puff 'n bisschen Dampf holen?"

2. "Sag mal, du gehst derzeit so oft in den Puff, lässt dich deine Olle nicht mehr ran?" "Nee, du, meine Domina Domique hat jetzt bei sich Happy-Aua eingeführt!"

3. "Sag mal, deine Keule muss aber 'n Haufen Kohle haben!" "Wieso? Weil er beims Theater als Scheinwerfer arbeitet?"

4. "Mein Kohlenhändler hat mir jestern uff de Straße laut anjepöbelt!" "Wieso? Haste etwa wieder 'n Verhältnis mit seine Olle?" "Nee, mein Kohlenhändler ist mit mir kiepich, weil er noch keine Kohle von mir jekricht hat!"

5. "Du, beim Damen-Tennis hat jetzt die eene Tante gegen die andere Tante mit zwei zu eins Sätzen gewonnen. Wie sie das wohl gemacht haben?" "Na is doch janz einfach. Die eene Tante hat die zwei Sätze jemacht >Du olle Schlampe, ick verhau dir gleich. Dann wirste sehn, wat so'n Tennisschläger für 'ne Harke ist.< und die andere Tante sagt darauf hin den Satz: >Du bist doch 'ne blöde Kuh!<"

6. "Du fährst auf deinem Motor-Roller immer mit Handschuhen?" "Klaro. So wie ich Roller fahre, ist es besser, keine Fingerabdrücke zu hinterlassen!"

7. "Man is die Suppe heute heeß!" Det heißt nicht „heeß", det heißt „heiß".

8. "Du, weeßte, wat der US-Präsi Donald Tumb ..." "Der heißt nicht Tumb ... der heißt Trump ... Trrrump ..." "Also weeßte, wat der angeblich jesacht hat? Dass viele Flüsse in den USA so dreckich sind, liegt nicht an der Chemie-Industrie, sondern an den

viele toten Fischen!"

9. "Kannste mir mal ankieken, wenn ick mit dir quatsche?" "Du erinnerst mich gerade irgendwie an Donald Trump!" "Also meine Ollsche hat jesacht..." "Auch deine Olle erinnert mich immer wieder an Donald Trump." "Du oller Hammel, kannste mich mal ausreden lassen?" "Mit diesem rechthaberischen, mädchenhaften ständigen Eingeschnappt sein, erinnerst du mich total an Donald Trrrump ..."

10. "Ick muss ma uff Kloster!" "Wat denn, schreibst de 'ne neue Kackofonie?"

11. "Amerikanische Wissenschaftler haben jetzt festjestellt, dass es in fertigem Dosen-Cappuccino tatsächlich Spuren von echtem Kaffee gibt!" "Na daran kannste mal sehen, wozu die NASA allet jut ist!"

12. "Mein Optiker hat mir jetzt 'ne neue Brille verpasst!" "Ach deshalb haste mich vorhin nich gleich erkannt!"

13. "Meen Kumpel Micha hat jetzt bald keen Grund mehr um mit der BVG schwarz zu fahren!" "Wie das dann denn?" "Weil Berlins Finanzsenator Kollatz das Sozial-Ticket ab 1. Juli preislich an das anpasst, was im Hartz-IV-Satz für „Nutzung von Verkehrsmitteln" schon einberechnet und vorgesehen ist!" "Das hält deinen Kumpel Micha aber nicht davon ab, auch weiterhin schwarz zu fahren, denn er sagt, so lange noch ein Mensch irgendwo auf der ganzen, großen Welt existiert, der Fahrtickets kaufen muss, so lange ist seine Mission noch nicht erfüllt." "Prima und ab morgen sind Autos und Benzin gratis und Fahrräder fliegen einem in den geöffneten Mund!"

14. "Du, die Rita von hintern Tresen sieht sich aber auch mit jedem Tag selber ähnlicher!" "Wenn du jetzt noch 'n Bier säufst, sieht Rita bald Dir ähnlich."

15. "Du, die Kay-Sölve Richter vom ZDF ist richtig nett! Sie sagt zu mir jeden Tag „guten morgen"!" "Beim Frühstücksfernsehen vermutlich …"

16. "… und am Ende waren der alte Gaul Lolly Dolly, das stinke Schwein Pinkie-Panky, die Supermaus Flöhli-Döhli und die Kuh Moh, wieder froh!" "Und wat war jetzt der eigentliche Inhalt deiner Rede?" "Na du quatschst ma doch ooch laufend mit deinen Märchen zu!"

Hierzu eine kleine Anekdote: Mit den genannten Tieren in diesem Sketch wollte ich mal ein Kinderbuch schreiben. Leider ist daraus bis heute nichts geworden. Aber ich konnte die Namen der Tiere wenigstens an dieser Stelle hier einmal verwenden.

17. Hase (technisch veränderte Stimme): "jajajajaja" "Hallo Häschen, was machst du denn hier am Stammtisch? … es ist doch gar nicht Ostern!" "Keine Zeit, keine Zeit, keine Zeit!" "Komm Hasi, trink erstmal einen schönen Klötenköhm und dann erzähl mal in Ruhe, was du gerade so machst!" "Also, also, also ich suche, suche …" "Hasi, du müsstest doch selber wissen, wo du deine Eier versteckt hast!" "Ich, ich suche doch keine Eier, … ich, ich suche, suche Gäste für den OKbeat!" "Das ist aber lieb von dir, Hasi. Du suchst also Gäste für meine Sendung?" "Jajajajaja, du suchst doch immer Künstler, Musiker, Politiker, Vereine, Initiativen, besondere Einrichtungen und Institutionen für den OKbeat!" "Genau das suche ich, besondere Menschen aus dieser Stadt! Komm doch mal vorbei!" "Keine Zeit, keine Zeit, keine Zeit!"

18. "Der Donald Trump hat jetzt det Klimaschutzabkommen aufgekündigt!" "Na der braucht Kohle und so lange in seinem Whisky noch die Eiswürfel klimpern, so lange ist für den die Welt doch noch in Ordnung!"

Staffel 5

1. "Meine Freundin Anti-je hat sich jetzt 'n neues Haustier zugelegt, hat sie mir gestern bei Facebook geschrieben." "Was denn, hat sie sich etwa einen neuen Hundeköter zugelegt, oder eine Muschi-Katze oder eine eierlegende Wollmilchsau?" "Nee, nee, die hat sich jetzt einen neuen Nager zugelegt, hat sie geschrieben." "Ratte, Meersau, Karnickel?" "Nein, sie hat jetzt einen Tee-Nager (*Teenager*) bei sich in der Wohnung!"

2. "Das schöne an den Früchtchen im Rumtopf ist, … hicks …., dass sich da nun die Vit-ti-ti-namine schon frei gerülpst …ähm … frei im Alkohol gelöst … haben und sie somit leichter verdaulich für den Körper und so auch leichter zu assi-mililililieren sind und sie nicht mehr frei und roh, wie zum Bleistift durch einen Salat hüpfen, wo man die Vvvvvitaminie erst noch einfangen, betäuben und weichklopfen muss." "Darum fress ick doch so jerne Rumkugeln. Durch den Rum sind diese ganzen scheiß Ballaststoffe im Teig schon prima aufgelöst und nicht mehr so strohig hart, wie in 'nem zähen Steak."

3. … in einem normalen Geschäft …
"Hallo ich hätte gerne ein schönes Parfüm für mein Liebchen!" "Hier haben wir Hibiskus, das sind Rosenblätter, dann haben wir Oleander und das hier Tulpe!" "Watt denn, bin ich hier in einer Parfümerie oder in einem Blumenladen?"

4. "Warum gibt's eigentlich am Prenzlauer Berg so wenig Bäume?" "Na ist, doch logo, Baby! Ich schnarche nachts bei geöffnetem Fenster!"

5. "Du, die Geflügelgrippe breitet sich wieder in Berlin aus. Muss ich jetzt für die nächsten Wochen zu hause bleiben?" "Nee, det nicht, dafür kriegt jetzt der Pleitegeier aber hoffentlich Stallpflicht!" "Dürfen denn dann die Bremer Stadtmusikanten nicht mehr nach Berlin kommen, oder treten die hier nur in kleiner Besetzung auf?" "Wer bringt jetzt statt des Klapper-Storches die

lieben, kleinen Kinderlein? Macht das jetzt die Miezekatze?" "Apropos olle doofe Miezekatze ... wen, wenn nicht mehr Tweedy, jagt jetzt Silvester?" "Und muss man sich ab heute impfen lassen, bevor man zu Weihnachten die Gans frisst?" "... Fragen, über Fragen ..." "Bevor uns jetzt der Kopf ganz raucht, lass uns lieber, so lange wie wir es noch dürfen, Gänsewein frisch aus dem Hahn trinken!"

6. "Donny Trump hat keine Vorurteile gegenüber den arabischen Menschen, hat er gesagt." "Aber einen echten fliegenden Teppich aus Persien hat er sich trotzdem bei seinem Außenmysterium bestellt."

7. "Meine Freundin Sabine hat jetzt schon wieder einen neuen veganen Spleen!" "Ist das die, die nur vegan isst, vegan trinkt, vegane Wurst mag und mit veganen Buletten durchdreht?" "Genau die. Seit neuestem tanzt sie auch noch vegan. Sie tanzt nur noch Roggen-Roll!"

8. "Was denn, hast du etwa schon wieder kein Geld?" Na du weißt doch, ich stamme aus einer ganz armen Familie. Mein Vater war arm, meine Mutter war arm, mein Bruder war arm, unser Butler war arm, unser Gärtner war arm, unsere Küchenfee war arm, unser Chauffeur war arm, unser Kindermädchen war arm, unsere Maniküre war arm, unser Empfangschef war arm ..." *(Ich geb zu, den hab ich aus der ersten Folge von Klim-Bim" geklaut!)*

9. "Meine australische Freundin hat mich jetzt zum essen eingeladen." "Was kocht sie denn? Känguru-Schwanzsuppe oder Alligator-Steak?" "Nein, sie will mit mir Grillen grillen."

10. "Sage mal, warum gießt du dir denn gerade deine Tomatensuppe über den Kopf?" "Das ist Tomatensuppe? Ich dachte, es wäre Spinat!"

11. "Liebling, was säufzt du so?" "Am liebsten Bier mit Korn!"

12. "Ich hatte meine Olle letzten Freitag zum Torf stechen eingeladen." "Aha! Wusste gar nicht, dass Torf am Freitag für euch Zeit hatte."

13. "Ick hab jestern wieder mal mit Angina im Bett gelegen!" "Da lief dann also im Bett mal wieder nichts, außer der Nase!"

14. "Meine Olle war gestern Torf stechen!" "Torf? Torf? Ist Torf nicht der kleine Dicke mit der Nickelbrille?"

15. ... in der Bundestagskantine ...
"Boa ey, toll, dass du mich mal hierher mitgenommen hast! Sind ja nur Promis hier! Sag mal, wer ist denn das da mit dem Milchbart?" "Das ist der Familienminister!" "Und wer ist die, die in ihrem Shirt wie 'n Zebrastreifen aussieht?" "Das ist unsere Verkehrsministerin!" "Der Olle, dessen Kichern sich anhört, wie das einer Ziege, wer ist das?" "Das ist natürlich unser Landwirtschaftsminister!"

16. "Hab mein treues Ross Rosinante jetzt in >Freibier< umgetauft!" "Wieso das denn?" "Na was denkste, was es für einen Aufruhr auf der Rennbahn in Mariendorf gibt, wenn der Stadionsprecher laufend ruft: >Freibier läuft! Freibier läuft!< Da achtet doch dann keener mehr uff die Gäule und man kann in Ruhe den Einlauf schieben!"

17. "Wer nie sein Brot im Bette aß, weiß nicht, wie Krümel piken!" "Aber, merke auch: hast du Krümel in der Spalte, ist es Kacke und zwar alte!"

18. "Seniore soll iche ihnen ihre Pizza zum mitnehmen in acht oder in vier Stücke schneiden?" "Schneiden sie mir die Pizza mal nur in vier Stücke. Mehr Hunger hab ich sowieso nicht!"

19... in der Bundestagskantine ...
"Sagen sie, kochen hier ooch die Abgeordneten?" "Nee, det nich, aber manchmal hauen sich die Mininster oben im Parlamentssaal gegenseitig in die Pfanne. Ansonsten kochen wir hier in der

Bundestagskantine auch nur mit Wasser!"

20. "Wat is'n, wenn so'n Jaul mal richtig zutritt?" "Dann gibt's hier in der Budike vom Koch statt Pferdebuletten bunte Eier!"

Staffel 6

1. "In dem ICE, in dem ich gestern gefahren bin, müssen nur Schriftsteller gesessen haben!" "Wie kommst du denn darauf?" "Naja, das Bahnbegleitpersonal hat laufend gerufen: Dichter zusammenrücken! Dichter zusammenrücken!" "Tja, genießen sie das Leben in vollen Zügen, die Bahn!"

2. … am Prenzlauer Berg ...
"Also mein Sohn, nur weil du nicht gerne zur Schule gehst, brauchst du sie noch längst nicht anzuzünden!"

3. "Schlimme Zeiten sind das! Schlimme Zeiten! Hast du gehört, was gestern in Mexiko passiert ist!" "Nein, ich wohne hinten raus!"

4. "Ich benutze derzeit regelmäßig eine Stradivari." "Naja, so lange das keine osteuropäische Zwangsprostituierte ist, ist das doch alles okey!"

5. "Herr Ober, an dem Hirschbraten beißt man sich ja die Zähne aus!" "Tut mir leid, mein Herr, dann haben sie vermutlich ein Stück vom Geweih erwischt!"

6. "Meine Herren, mein Bier hier, ist ja genau so sauer, wie meine Olle!" "Na det ist ja auch kein Pils, was du gerade säufst, sondern pure Berliner Weiße."

"Zimmi" oder "Herr Zimmermann" vom "Zehlendorfer Zeitzeicheninstitut" war eine Erfindung vom "alten Ami Rik De Lisle", den er in seiner Morgensendung auf RIAS-2 ende der 80er Jahre einsetzte. Ich erinnerte mich mit Wonne an den kleinen Kerl,

fand aber keine Originalaufnahmen mehr aus dieser Zeit. Also schrieb ich via Facebook Rik an und fragte, ober er noch Folgen davon habe. Nein, habe er nicht, antwortete er und ich fragte deshalb nach, ob er etwas dagegen hätte, wenn ich neue Folgen davon schreiben und bauen würde. Rik gab sein Okay und so sind die Folgen 7. - 11. dieser Staffel neue Folgen, aus meiner Feder, von Zimmi aus dem Zehlendorfzeitzeicheninstitut!

7. "Ich hatte ihn in einem alten Schuhkarton wiederentdeckt und wollte ihn putzen, dabei ist mir das Ammoniak aus der Hand gerutscht, über die Schnürsenkel gelaufen und hat das Band weggeätzt. Darum hab ich ihn jetzt mal für fünf Folgen komplett wiederbelebt! … Gruß an den alten Ami und RIAS 2! Hier kommt Herr Zimmermann vom Zehlendorfzeitzeicheninstitut!"
…Klopfen - Knarrende Tür, hallende Schritte …
"Hallo Zimmi, wie geht's, altes Haus?"
… irgendwelches rückwärts Gebabbel …
"Was ist denn aus deiner Frau und den Kindern geworden?
... irgendwelches rückwärts Gebabbel ...
"Danke Zimmi, Na dann, walte deines Amtes! Beim nächsten Ton ist es genau zwischen 13 + 14 Uhr!" "… piiieeep …"
"Zimmi, pass auf, wenn du gehst!"
… ein paar hallende Schritte – Gebabbel – etwas stürzt um ...

8. "Auch heute hab ich wieder Herrn Zimmermann vom Zehlendorfzeitzeicheninstitut! Zimmi, komm rein!"
… klopfen, Knarrende Tür, hallende Schritte … irgendwelches rückwärts Gebabbel …
"Na dann, Zimmi walte deines Amtes! Beim nächsten Ton ist es genau zwischen 13 + 14 Uhr!" "… piiieeep …."
"Zimmi, pass auf, wenn du gehst!"
… ein paar hallende Schritte – Gebabbel – etwas stürzt um oder etwas platscht ins Wasser ...

9. + 10. + 11. genau so, nur andere Geräusche

12. "Herr Ober ich hätte gerne einen Latte Macchiato!" "Also

wenn du 'ne Latte willst, dann musst du dir die selber machen! Höhö!"

13. "Warum heißen die S-Bahnlinien 41 und 42 heutzutage, nicht mehr so wie früher bei der Reichsbahn, Vollring?" "Also ick gloobe, det heißt heute bei der „Tochter der Deutschen Bahn AG" deshalb nicht mehr Vollring, weil die S-Bahn Berlin GmbH sonst befürchtet, dass die Zugführer auf der Ringbahn, wegen der miesen Arbeitsbedingungen bei der DB, die S-Bahnzüge unter Alkohol im Vollrausch fahren. Und man will doch von der Firmenleitung her zeigen, dass bei der Deutschen Bahn, zumindest auf dem Ring, immer alles rund läuft!" "Stimmt. Det reicht ja schließlich, wenn die Kraftfahrer auf dem Berliner Ring durchdrehen."

14. Sie: "Mein neuer Freund arbeitet in einer Kirche!" Er: "Küster?" Sie: "Und wie!"

15. "Wie, du musst nie wieder arbeiten?" "Na ick bin jetz Lokführer bei der Lufthansa!"

16. "Man hast du aber 'n paar tolle Veilchen. Hat dir wieder deine Olle verprüjelt?" "Ja, na stell dir mal vor, meine Olle hat jesacht, ick soll gefälligst mal Vernunft annehmen. Und da hab ick zu ihr jesacht, die kann sie mir ja jerne zu Weihnachten schenken. … Und da gings los."

17. "Du glänzt ja so. Weihnachten steht doch gar nicht vor der Tür!" "Hör uff, du, hör bloß uff! Jestern, wie ick gerade inne Küche, Bier holen bin, ruft meine Olle: >Hallo Scha-atz, ich bin nun feucht, jetzt kannst du auch kommen!< Ick stürme also voller Vorfreude ins Schlafzimmer und da ist det Aas nich! Erst wie ick ma umdrehe, seh ick, wie sie sich gerade im Badewasser den Rücken einseift. … Na da musste ick ooch!"

18. "Und dieser Fußballspieler dort gilt als Libero."
"Also dass der nicht gekocht ist, hab ich mir fast gedacht!"

19. "Wat is der Unterschied zwischen deine Olle und 'nem Kamel?" "Na meene Olle is nich doof!" "Stimmt! Und außerdem, det Kamel kennt die Wüste Gobi, deine Olle ist die wüste Gabi!"

Staffel 7

1) "Ick finde det Mobbing in den Hühnerställen immer so doof!" "Haben die Hühnasse keene Gewerkschaft?" "Wieso? Meinste wegen der Hackordnung?" "Nee, aber die meisten Hühner werden doch schon als Ei in die Pfanne gehauen!"

2) "Kennst du die Wüste Gobi?" "Nee, aber kannste mir mal ihre Adresse geben?"

3) ... bei Kranzler ...
"Herr Ober, ist das Hirn hier auf meinem Teller auch frisch?"
"Aber natürlich, gnädige Frau, das hat heut früh noch gedacht!"

4) "Mein Hausarzt sagt, ich trinke zu wenig!" "Na haste dem mal deine ganzen Kneipenrechnungen gezeigt?"

5) "Stell dir mal vor, bei jedem meiner Atemzüge, stirbt eine Tierart aus, hat mir letztens ein Tierpfleger aus dem Zoo erzählt." "Und? Hast du es schon mal mit Mundwasser versucht?"

6) "Ick koofe meiner Nichte zur Jugendweihe 'n Kleiderhaken!"
"Wieso 'n Kleiderhaken? Soll sie sich daran aufhängen?"
"Na das ist in unserer Familie vermutlich das Beste!"

7) "Heißt es eigentlich DER Barbier oder DAS Bar-Bier?"
"Das kommt drauf an! Wenn du dir an der Bar ein Bier holst, heißt es das Bar-Bier. Lässt du dir aber an der Bar bei einem Bar-Bier die Haare schneiden, dann macht das sicher der Barbier!"

8) "Sag mal, wie lange, für wie viele Seiten, reicht im allgemeinen eine Druckerpatrone?" "Genau so lange, bis man ein ganz

wichtiges und eiliges Dokument für das Amt ausdrucken muss!"

9) "Meine Freundin ist jetzt einer komischen australischen Sekte beigetreten!" "Was denn, hat sie jetzt da ihren eigenen Guru?" "Ja, klar, und sie hat da nicht nur einen Guru, sondern sogar ein Känguru!"

10) ... in einem alten Café-Haus ...
" ...da ging der Tee aus, da ging der Tee aus. ... " "Schwubbi-duɔbi-du .... und ich liebte sie so sehr …"

11) "An dem schönen Havelstrande
Gingen wir , sie erst voran
Durch die wild' Natur am Rande
In dem Fluss manch Fische schwamm."
"Der Ortsbezeichner irrte sich
Sie waren am Havelkanal
Der Fisch der schwamm allein mit sich
Es war ein fröhlicher Aal."

12) "Was sind eigentlich Maulwurfs-Grillen?" "Na ich schätze mal, sowas ähnliches wie Elefanten-Schwäne, Wal-Mäuse oder Känguru-Spatzen,wa?" "Nee, genauso, wie es Ameisenbären und Wolfsspinnen gibt, so gibt's auch Maulwurfs-Grillen richtig wirklich."

13) "Wer war eigentlich die Schauspielerin Ilse Werner?"
"Ach, na das war nur 'ne olle Pfeife."

14) "Sag mal, haben Zitronen eigentlich Beinchen?" "Wieso? … Ähm, nee …" "Na dann hab ich gerade einen Kanarienvogel über meinen Tee ausgedrückt."

15) "Was ist eigentlich ein Nikki?" "Als Nicki wurde in der DDR die kurzärmlige Obertrikotage bezeichnet, die in der Bundesrepublik „T-Shirt" heißt."

16) "Meine Freundin hat mir gestern ein neues T-Shirt gekauft."
"Na, sei froh, dass dir deine Freundin, bei deiner Wampe, kein B-Shirt gekauft hat."

17) "Sag mal, du kippst laufend deinen neuen Kaffee weg, was ist 'n mit Dir?" "Du weißt doch, ich trinke nie heißen Kaffee!"

18) ... in der Bundestagskantine ...
"Guten Tag, ich hätte heute gerne ein großes Komplott mit einer Extra-Portion Seehofer!"

Staffel 8

1) "Was macht ein toter Gynäkologe bei Ebbe an der Nordseeküste?" "Abtreiben!"

2) "... hicks – hicks – hicks ..." "Na, Professorchen, sie sind heute aber mächtig besoffen!" "Das stimmt – hicks – üüüüberhaupt nicht – hicks – Als Physik-Professor – hicks – war ich hier nur mal an den Higgs-Teilchen interessiert!"

3) "Immer wenn meene Olle lacht, mach ick mir vor Angst fast in die Hosen!" "Wieso? Deine Olle ist doch nett, kocht jut und ist 'ne Granate im Bett!" "Naja, meine Olle lacht immer nur dann, wenn sie Pilze schnippelt."

4) "Man, du jede Nacht bin ick wach, jede Nacht!"
"Na denn darfste nicht so ville Nachtschichten kloppen!"

5) "Schlimm, ja, wenn sich die Leute selber immer zu wichtig nehmen!" "Ja, wie meene Olle. Vordergründig sagt sie, es gehe ständig um mich, aber letztendlich geht's laufend da drum, wie sie sich fühlt, warum sie da Bauchschmerzen hat, warum sie heute nicht genug gegessen hat, oder weshalb sie sich zu fett fühlt. Dabei kann man doch von einer schönen Frau nie genug haben!"

6) Frauenstimme: "Man, hab ick heute 'n Kater!"
"Wat denn, hat gestern Nacht deine Muschi zu sehr miaut?"

7) "Man, hab ich heute 'n Kater!"
"Sei froh! Ick hab noch nicht mal 'ne Ziege!"

8) "Was für ein Sturm heute! Der Sturm windelt ja mächtig!" "Der Sturm windelt nicht, der Sturm windet!" "So ein Quatsch! Wind windet sich doch nicht!"

10) ... beim Radiointerview ... "Hallo Mr. McHighland, sie sind Brexit-Beauftragter für die schottische Region rund um Loch Ness. Bitte wann taucht denn ihr berühmtes Ungeheuer von Loch Ness auf?" "Na im allgemeinen nach fünf bis sechs Whiskey."

11) "So mein Herr, hier haben sie ihre komplett vegane Rindfleischsuppe. Den von unserem Koch selbst geschossenen, glücklichen Möhrchen wurden durch ihn selbst das Lauch über die Rübe gezogen!" "Ach, nöö, das ist jetzt nicht wahr, oder? Die armen Möhrchen. Die sehen aber süß aus! Nee, also das kann ich nicht essen. Ab heute werde ich Fleischfresser!"

12) "Was ist eigentlich aus deiner Sex-Affäre geworden?" "Welche Sex-Affäre?" "Na du hattest mir doch letztens was erzählt von eurem neuen Tinder-Zimmer!"

13) "Sag mal, wat ist der Unterschied zwischen einem Hustenbonbon und einem Pfefferminzlikör?" "Den Pfefferminzlikör kann man nicht lutschen."

14) "Was wird beim Brexit eigentlich aus Shakespeare?"
"Ist mir doch egal! Ick sauf eh keen englisches Ale!"

15) "Wenn die Briten aus der EU austreten, ist es hinterher garantiert um die Vielfalt der Biere in Berliner Eck-Kneipen schlecht bestellt." "Ja, weil wir hier so ville Ale saufen!" - beide: "hahaha"

16) "Man, Donny Trump lässt jetzt wirklich die Mauer nach Mexiko bauen. Angeblich wegen die ganzen Einwanderer." "Na dann muss er aber auch schnell noch 'ne Mauer nach Kanada bauen und den Seeweg nach Kuba überwachen, weil ihm sonst all seine Fachkräfte ins Ausland abhauen."

17) "Schön , dass wir kein Tempolimit auf deutschen Autobahnen haben." "Bei den ganzen Staus, überwiegend verursacht durch das fehlende Tempolimit auf deutschen Autobahnen, ist es doch so, als wenn du hier in der Kneipe einen ordentlichen Männergrog bestellst und der Wirt bringt dir nur einen Apfel-Cidre."

18) "Man, die beiden da in der Ecke, die knutschen aber was zurecht!" "Du irrst, die teilen sich nur einen Halsbonbon."

19) "Was hast du denn da für eine neue App auf deinem Handy!" "Toll, wa! Diese App sagt mir, ob das Glas Bier hier vor mir auf dem Tisch noch halb voll, oder bereits halb leer ist."

20) "Ich nehme zur Europawahl ein Diktiergerät mit in die Wahlkabine." "Tolle Idee. So kann man prima die eigene Stimme aufnehmen und dann bei Facebook teilen."

21) "Melania Trump fährt nur noch in Limousinen mit Chauffeur!" "Na deshalb sieht die Olle ja ooch immer so mitgenommen aus."

22) "Ich fahre morgen in eine Baumschule!" "Willste dir da beibringen lassen, bei welchen Bäume es weniger weh tut, wenn du auf der Landstraße dagegen knallst?"

23) "Woran denkst du als erstes, wenn eine schöne Frau auf die zu kommt?" "An Bier!" "An Bier?" "Ja, alle schönen Frauen, die auf mich bisher drauf zugekommen sind, musste ich mir vorher erst durch Bier schön saufen."

Rec. 17.7. 2019

Staffel 9
(bisher nicht produziert und ausgestrahlt)

1) "Sag mal, warum fährst du mit deinem Fahrrad nie auf dem Radweg, sondern immer nur auf dem Gehweg?" "Na auf dem Radweg sind mir immer zu viele Radfahrer unterwegs!"

2) "Sag mal, warum wischst du dein Lokal immer mit 'nem trockenen Feudel?" "Na weil es schneller geht!"

3) "Herr Ober, eine Fliege schwimmt in meinem Chili Con Carne!" "Na da sehen sie mal, wie stark unser Chili ist. Das haut sogar die stärkste Fliege von den Beinen!"

4) "Deine Ex hat dich verzaubert?" "So ähnlich! Sie hat mich nicht verzaubert, die hat mich verhext!"

5) "Sag mal, sind die Schlümpfe jetzt etwa erwachsen geworden?" "Nein, das ist der Film Avatar!"

6) "Würdest du einem Typen wie Donald Trump deine Kinder anvertrauen?" "Nein, die nicht, aber meine Schwiegermutter."

7) "Man! Wat ist denn mit dir los? Du hörst ja heute gar nichts!" "Na, i-i-ich wwwar vorhin in einer Bi-Ba-Bim-Bamm, in einer Ki-ki-kirche und hab mich mit dort mit dem Glöckner unterhalten, wärend der gearbeitet hat."

8) ... bei der Musterung zur Bundeswehr ...
"Wer von ihnen kann rechnen?" "Hier, ich, ich, ich, Herr Major "
"Was sind drei mal sieben?" "Ganz feiner Sand, Herr Major!"
"Prima! Sie werden Bausoldat!"

9) ... auf dem Herrenklo ...
"Mensch, hast du aber flauschiges Toilettenpapier!"
"Alter, das ist mein Hamster!"

10) "Jetzt kommt ein Bossa Nova!" "Wat denn, habt ihr hier eine neue, portugiesische Chefin?"

11) ... sehr besoffen ...
"Egal, wie dicht du bist ... Goethe war Dichter!"

12) "Immer diese Ausgrenzung! Jetzt spielt man sogar die Berufsgruppen gegeneinander aus!" "Wieso? Darfst du jetzt nicht mal mehr Schlafwagenschaffner bei der Lufthansa sein?" "Nee, im Bus hat vorhin der Busfahrer gerufen: Dichter zusammenrücken, Dichter zusammenrücken! ... alle anderen duften da stehen bleiben, wo sie waren!"

13) "Liebling, würdest du auch mit anderen schlafen, wenn ich gestorben bin?" "Aber Schatzi, dafür musst du doch nicht erst sterben!"

14) "Trockenheit? Trockenheit? Mensch, es ist so nass, ich hab das Wasser sogar schon in den Beinen!"

15) "Warum ziehst du nicht mal was Schönes an, ... wie zum Beispiel ... Lack und Leder! Dann riechst du wenigstens so toll, wie ein neues Auto und nicht mehr nach Mottenkugeln."

16) "Was ist das denn hier für ein Quatsch auf der Speisekarte? Brathering ... Brathering .... Brathering ... Brathering kenne ich nicht." "Mensch, Alter, das ist Brat-Hering, du Gurke!"

17) "Darf ich dich heute Abend zum Essen einladen, ... um sechs?" „Ja, aber gern auch so."

***

Das fliegende Brett ist ein Ableger und ihm ist unterlegt das Motorengeräusch eines anfahrenden Motorrollers.

Das fliegende Brett, Abenteuer eines Motorrollers! Heute:
am 20.8.2018 / 21.8. / 22.8.2018

1) der Richtungswandler
"Wat macht der denn da vorne! Was ist das denn? Links blinken und rechts abbiegen! Das kennt man doch sonst nur von der FDP!"

2) der abenteuerliche Fußweg
"Was machen denn die ganzen Radfahrer hier auf dem Gehweg, auf dem ich mich abstellen will. Radfahrer gehören auf die Straße oder auf den Radweg!"

3) der fehlende Vampir
"Was ist denn das hier auf der Straße? Das ist doch kein Ketchup! Können denn die Radfahrer ihre Toten nicht selber weg räumen? Oder hat olle Dracula hier nur mal 'n Bäuerchen gemacht?"

4) an der roten Ampel
"Ich muss jetzt blinken, blinken, blinken, blinken ..."

5) besoffene Touristen
"Dass diese scheiß Touris ihre leeren Bierflaschen aber auch überall fallen lassen müssen. .... Aua, aua, aua, das tut weh!"

6) von Bienchen und Blütchen
"Hallo Motorbiene in der Nebenspur! Darf ich ab heute dein Sozius sein?"

7) auf dem Zebrastreifen
"Also, wer streift denn in Berlin ein Zebra?"

8) lauter wilde Tiere
"Was ist denn das hier für eine dumme Sau vor mir auf der Straße? Fährt ja wie ein Affe, dieses Kamel. ... und natürlich mal wieder

kein Bulle in Sichtweite ..."

9) der Fuchs neben dem Ganter
"Was ist das denn für ein komischer Hund? Das ist ja gar kein Hund! Das ist ein echter Fuchs! ... und der läuft neben mir! Ein echter Fuchs läuft neben mir!"

10) nicht genehmigte Tierversuche
"Ist die Taube platt wie'n Teller, dann war wohl der Roller schneller!"

11) nicht genehmigte Tierversuche – Teil 2 "Was der Bauer gerade nicht weiß, das macht wohl die Bäuerin heiß!"

12) unterwegs in der Galaxis
"Also wenn man ihn mal kapiert hat, fährt sich der Große Stern mit der Goldelse ganz einfach!"

13) andauernde Äthanol-Exzesse
"Man, was tankt der Chef denn heute schon wieder? Super Plus soll ich nehmen, sagt die Werkstatt, Super kann schließlich jeder!"

14) flüssiger Verkehr
"Heute fährt der Chef mit mir aber wieder hakelig. Vielleicht hilfts ihm ja, wenn er heute mal 'n bisschen Rum säuft, damit der wieder flüssig fährt."

15) die Babyfalle
"Ach du scheiße. Hier sind wir schon wieder. Kollwitzplatz! Gleich passiert es. ... Na? ... Na? ... Da, tauchen sie schon auf, wie aus dem Nichts: drei Mütter, drei Kinderwagen, vier Kleinkinder ... Na, los, Mädels, Chef hat schon angehalten, ihr könnt laufen. ... wie süß! Fast wie 'n Eichhörnchen ... Und das erste Kind lässt auf der Fahrbahn den Nuckel fallen, das vierte, macht auf halber Strecke nochmal kehrt, weil es einen Schmetterling im Busch hinter sich entdeckt hat, das zweite spuckt jetzt seinen Rotz zwischen die Beinchen und Muddi muss das gleich hier

wegwischen, aus beiden Richtungen bildet sich jetzt ein Stau ... das kann jetzt dauern, denn da hinten kommen schon die nächsten Muddis."

Staffel 2

1) die kleinen SUV's
Typ, hochroter Kopf, am offenen Wagenfenster laut fluchend: "Scheiß Stau! Nie kommt man hier weiter!" Ick neben dem: "Keule, sieh mal, ick hab viel weniger PS, als du, du bist mindestens viermal größer als ick auf meinem Roller und du verbrauchst mindestens fünfmal so viel Sprit wie ich. Du in deinem SUV stehst nicht im Stau. Du bist der Stau!"

2) weil wir dich lieben "Lieber hier auf dem Roller den Arsch abfrieren, als in der ständig vollen M4 die Hände eines anderen zwischen den Schenkeln haben."

3) das sibirische Hoch
"Ba-bibber-bibber-Baby-baby-Baby, bibber-bibber-Baby...."

4) freie Fahrt für Zweiräder
"Das einzig schöne am Winter in der Stadt ist, dass die ganzen Radfahrer jetzt Bahn fahren."

5) im Schleudergang unterwegs
„Wenn bei diesem Mistwetter die Gehwege ordentlich von Schnee und Eis geräumt wären, würde mich mein Herrchen garantiert im Trockenen stehen lassen und mich nicht über die wie Heringe eingesalzenen Fahrbahnen jagen."

6) die Sex-Affäre
„Affäre, Affäre! ... Anstatt ständig was von seiner Affäre zu erzählen, brauchte er ja erstmal eine feste Beziehung!"

7) knatternde Hülsenfrüchte
„Lieber Tempolimit, also Tempo-Linsen!"

8) Gottes vergessene Kinder
„In welches Dorf sind wir jetzt gerade rein geknattert? Wir sind in
Kummerow? Besuchen wir hier etwa die Heiden?"

9) wilde Botanik
„Achtung! Es ist Frühling! Die Bäume schlagen aus."

10) die verflossene, große Liebe
„Schon dreimal sind wir in dieser Woche bei ihr am Haus vorbei
gefahren und das einzige, was wir erwischt haben, ist 'ne Taube."

Rec. 17.7.2019 Echo 0,1 Einstellung

***

Radiotexte vor 2005
*Ab 2005 hab ich alle Radiomanuskripte noch komplett auf meinem
PC. Von dem, was es davor gab, gibts nur Ausschnitte, meist Witze.
Was vor 2004 war, ist noch weniger aufzufinden.*

Fällt im Januar viel Schnee,
hüpft im Wald herum das Reh!

Phantasie ist die Kunst, aus den Fehlern zu lernen, die man noch
machen wird!

Wer gelernt hat, sich selbst zu beherrschen, dem vergeht die Lust,
andere beherrschen zu wollen!

Wer anderen mit Missgunst begegnet, darf sich nicht wundern,
wenn die anderen ihm gegenüber zumindest misstrauisch sind!

Solange mein Niveau nicht unter die Gürtellinie rutschen darf,
hängt mir mein Gürtel um den Hals!

Liegst du oft allein im Bett,
ist deine Freundin nicht sehr nett!

Ich mach mich jetzt ganz klein
Und mops mir ein Glas Wein!

Der OKbeat kommt aus dem Studio im Wedding, ... der Wedding ... Berlins schönster Stadt-Teil wenn es ums Heiraten geht ... tja ... Wedding im Wedding ...

Und nun, fünf sichere Anzeichen dafür, dass ihre Freundin sie verlassen hat: in der Küche stapelt sich dreckiges Geschirr und dreckige Wäsche, sie stellen ihre Nahrungsaufnahme von warmen Menüs auf Chips um, sie haben plötzlich keine Freunde, keine Kumpels, mehr, sie treffen ihren Briefträger täglich wieder vor ihrer Wohnungstür an und ihre eigenen Eltern reden wieder mit ihnen!

Toll-Collect ist einfach "toll"!

Muss man, wenn man den „Regel-Tarif" der BVG benutzt, auf der Fahrt eigentlich einen Tampon benutzen?

Vater: „Kind, iss deinen Spinat auf, ... davon bekommst du eine gesunde Hautfarbe!" Kind: „Ich will aber nicht grün werden!"

Merke: Es kommt nicht darauf an, mit dem Kopf durch die Wand zu gehen, sondern darauf, mit den Augen die Tür zu finden!

Kommt ein kleines Mädchen in die Zoohandlung und sagt: „Ich möchte gerne ein Kaninchen haben. Und ob das Kaninchen kuschelige, wuschelige, flauschige, weiße Haare hat, ist meiner Python egal!

Es sagte mein Microsoft P.C.: „Du, ich bin ein bisschen vervirt!"

Was ist der Unterschied zwischen einem Internisten, einem Chirurgen, einem Psychiater und einem Pathologen? Der Internist hat Ahnung, kann aber nichts. Der Chirurg hat keine Ahnung, kann aber alles. Der Psychiater hat keine Ahnung, und kann nichts, hat aber für alles Verständnis. Der Pathologe weiß alles, kann alles, kommt aber immer zu spät!

Der nächste Bundes-Er-Presserball kommt bestimmt! Also, mich interessiert beim Bundespresseball nicht, wer mit wem da war, sondern warum!

Lord Knud am 15.März 1969:
Kennen sie eigentlich „Bewaffnete Organe"? ... Ha-ha-ha-ha!

Unter uns Pastoren-Töchtern, das ist doch peinlich, dass der „1.FC Union" immer noch „1.FC Union" heißt! Der hat doch nichts mit der CDU zu tun!

Sichere Anzeichen dafür, dass es Frühling ist: in Parks, Grünanlagen und von Balkonen stinkt es nach Grill-Fleisch, Ihre Freundin legt sich einen neuen Lover zu, Sie sind stäääändig müüüüde, die Jogger, die einem laufend begegnen, tragen keine Schals mehr, man sieht wieder saubere Autos auf Berlins Straßen!

Sind die Ostereier nass,
Liegen sie im feuchten Gras.

Was ist das beste Frost- ... Frust-Schutzmittel! ... Na die Sonne!

Ich wurde letzte Woche gefragt: „Rolf, du sendest immer noch im Kabel. Wann gehst du mal ‚On Air'?" Hab ich gesagt: „Ich bin doch ‚On Air'! Jedes mal wenn ihr mich übers Handy anruft, bin ich ‚On Air'!"

Hagelt es viel im April
Liegt das Fleisch nicht auf dem Grill

Manchmal ist es schöner, von einer Frau nur zu träumen.

Eine Scheidung ist heute zwar viel teurer, als eine Hochzeit, dafür hat man aber auch viel länger was davon!

Frage an mein Finanzamt: „Muss ich ihnen alle meine Einnahmen melden? ... Ja? ... Also gut, ich nehme jeden Abend zwei Tabletten gegen meine Depressionen ein!

Ist der April auch noch so warm
Bleibt der Bauer trotzdem arm.
Fährst mit dem Rad du im April
Ist's auf dem Gehweg nicht sehr still
Man wird sehr nass, und das auf Dauer
Läuft man durch einen Hagel-Schauer

Hinweis an meinen Wellensittich: Wer Krach macht, FLIEGT!

Wer damit anfängt, dass er allen traut, wird damit enden, dass er jeden für einen Schurken hält!

Ist auf Autobahnen Stau
Ist die Stimmung dort sehr grau!
Du kriegst'n schönes Fahrverbot
Fährst du besoffen und bei rot!
Wenn der Mai-Käfer fliegt
Er sich dabei viel Mühe gibt!
Fällt Juni-Regen in den Roggen
kann man nicht im Freien bocken!
Kann der Räuber ganz schnell flitzen
Müssen andre für ihn sitzen!
Ist die Badehose klein
passt man nicht in sie hinein
Triffst du einen Tu-nicht-gut
Dann sei besser auf der Hut!
Sind sie faulig, die Erdbeeren
Solltest du sie nicht verzehren!

Übrigens, bevor es Hunde gab, waren Briefträger eine echte Plage!

Was ist der Unterschied zwischen den heutigen deutschen Spitzen-Managern und dem früheren DDR-Politbüro? Es gibt keinen!

Sie hängen veralteten Ideen an, wohnen in abgeschirmten Wohnanlagen und sie sind vergreist!

Nach Meinung der US-Regierung ist Homosexualität schlimm und ... erblich! In den USA dürfen Homosexuelle Männer keine Samenspenden mehr leisten! Ha...ha ... glaubt man den USA, ist nun endlich klar, wie sich schwule Männer vermehren!

Meine jetzige Freundin kocht gerne „Leipziger Allerlei", weil sie aus Leipzig kommt! ... Komisch, bei meiner Ex, der Antje, gabs immer Puffreis!

Städter zur Bäuerin: „Tut mir leid, dass ich ihren Hahn überfahren habe, aber ich werde das Tier ersetzen!" „Na, dann kommen sie mal rein, bin gespannt, wie sie mit den Hühnern zurecht kommen!"

Ja, diese einschlägigen Blätter in diesem bunten Blätterwald ... was raaaten die nicht alles ... vor allem den Frauen! Schön muss sie sein, attraktiv muss sie sein ... gut im Bett muss sie sein ... und so weiter und so fort .... Das stimmt natürlich nie mit meinem Weltbild von emanzipierten Frauen überein!

Das erinnert mich an den Macho, dessen Freundin sich stundenlang auf ihm abmüht, die versucht, ihn nach allen Regeln der Kunst zu verführen und bei ihm passiert nichts! Nichts! Nach Stunden sagt er schließlich zu ihr: „Puppi, passiert dir das öfter?"

Auf den Zigarettenpackungen steht ja schon seit Jahren ganz groß drauf: „Rauchen tötet" oder „Rauchen verursacht Lungenkrebs" oder so! Auf den Tabak-Packungen, auf den Blättchen, also auf diesem Zigarettenpapier zum drehen oder auf den Filtern steht das nicht drauf! Komisch, nicht? Wahrscheinlich geht der Gesetzgeber davon aus, dass wenn man nur eines von den dreien kauft, man noch nicht unbedingt rauchen will!

Quantenphysik: gibt's im Käse Wurmlöcher und wenn ja, weshalb!

Wenn es immer stärker regnet
Dir kein Mensch im Meer begegnet!
Ist die Milch so gelb wie Bier
Melkt der Bauer seinen Stier!
Weht im August der Wind aus Nord
Ziehn noch nicht die Schwalben fort!
Man kippt nicht so leichte um
Trinkt man Tee, statt etwas Rum!
Es fehlt dem Mann an Manneskraft
Trinkt er nur Bier statt Apfelsaft!
Ist ein Loch im Swimmingpool
Ist das Baden dort nicht cool!

Ich bin nicht nur ein-gebildet, ich bin sogar zwei-gebildet!

Wo Rohstoffe wie Kohle oder Diamanten überirdisch gefördert werden, heißt es „Tagebau"! Warum heißt denn dann eine unterirdische Miene nicht „Nachtbau"?

Ist das warm! Wenn das Wetter sooo bleibt, hab ich in zwei Wochen wieder Schnupfen!

Spruch zum Sommer: Lieber Talking, als Walking!

Um die ohnehin schon hohen Mieten in Berlin nicht sinken zu lassen, werden nun in Marzahn Plattenbauten zu Stadtvillen „rückgebaut"! Merke: Wir haben in Berlin nicht zu viele Wohnungen, wir haben in Berlin nur zu wenig Einwohner, weil wir in Berlin zu wenig Arbeit haben!

Quantenphysik: Woher stammen die schwarzen Löcher und warum sind die immer in meinen Strümpfen?

Sport: Hanf oder Warum der indische Seiltrick so gefährlich ist.

Anti Werbe- und Axel-Schulz-Spruch der Woche:
Es fackelt schnell
Der Fackelmann
Brennt man ihm Hut
Und Fackel an!

Beim ersten Date: „Ach, junge Frau, sie sind vom Sternzeichen her also Fisch? Na, ... dann reichen sie mir mal ihre Flosse!"

Wie vermehren sich Autos der Marke Ford? Durch Ford-Pflanzung!

Vier Tage lang erzählte mir meine Freundin Daniela letzte Woche, dass sie dringend, also ganz dringend einen Mann für Sex braucht und dass ihr junge Männer zu jung, afrikanische Männer zu afrikanisch und türkische Männer zu türkisch sind! „Weißt du," hab ich ihr gesagt, „und ich bin dir zu alt!" Ich weiß gar nicht, warum sie sich dann von mir hat zu Bett bringen lassen.

Passierte Tomaten im Supermarkt! Was ist denn mit den Tomaten passiert? Ach, die sind schon passiert! Mönsch, was nicht so alles passiert!

Die Frisur „Vo-ku-hi-la" (Vorn-kurz-hinten-lang) ist gut, weil ... anders herum sähe es doch dämlich aus!

Letztens sagte ich doch: Eifer ist Begeisterung, gemindert durch Vernunft! Bei Eifersucht ist jedoch die Vernunft gemindert, oder, um es anders zu sagen, Eifersucht ist durch Unvernunft stark erhöhte Begeisterung!

Wusstet ihr eigentlich, dass Swing, wörtlich übersetzt Schaukel heißt? Dann gibt's also in Berlin genug Schaukel-Clubs ... wegen der ganzen Kinder!

Da das Wort Bowle Glas heißt, wäre ein Bowlen-Glas ein Glas-Glas oder eine Glas-Bowle und der Super Bowl ist der Glas Bowl und wer zum Bowling geht, geht zum Glaser!

Übrigens, ich bade jetzt immer in dem neuen Pril! Da brauch ich mich hinterher wenigstens nicht abzutrocknen!

Eine Studie besagt, die häufigste Todesursache bei Singles ist Tod durch Herzversagen bei der Selbst-Befriedigung. Eine andere Studie besagt, dass etwa fünfzig Prozent aller Orgasmen in deutschen Betten vorgespielt sind! Ja, wir Männer machen das auch ... ! Äh ... sind dann die anderen fünfzig Prozent Orgasmen Single-Orgasmen? Na, ist doch ganz klar: Beim Do-It-Yourself-Verfahren ist die Orgasmus-Vortäuschung schließlich absurd!

Schalten sie ihr Gerät auf Zimmerlautstärke, damit alle Nachbarn in ihrem Haus diese Sendung in ihrem Wohnzimmer mithören!

Wer einen Schnupfen hat, dem geht es nicht gut, ... denn er riecht nicht gut! ... Könnt ihr verstehen, wie ihr wollt!

Letztens traf die kleine, nette Physio-Therapeutin wirklich mit ihren Fingern ins Schwarze! „Man," sagte ich zu ihr, nach Luft jappstend, „sie sind heute wirklich atemberaubend!"

Lächeln ist der einzige Grund, anderen die Zähne zu zeigen!

Es leuchtet rot die Weihnachtstanne,
wenn ich ganz heimlich sie entflamme!

Galeria Kaufhof verteilte letzte Woche großzügig Rabatzmarken! Zitat: „zehn Extra- Prozente auf einen Artikel ihrer Wahl, gültig bis 18.12.04" ... also noch bis morgen! Und dann kam das Klein-gedruckte! Ausgenommen von diesem Rabatt sind Medienartikel, Fotowelt, Bücher, Kleinelektronik, Lebensmittel, Genuss-Artikel wie Tabak, Süßwaren, Schnaps, das Restaurant, Verlags-erzeugnisse, selbstständige Vertragspartner und alle Artikel der Marken: Tomatensalat, Tomatensalat, Tomatensalat, ... Rabatt mit Rabatz also auf alle Artikel, die ich dort sowieso nie kaufen würde! Es gab also letztendlich bei Galeria Kaufhof Rabatt auf alle Artikel, die das Unternehmen nicht führt! Also 10 % Rabatt auf Benzin hätte ich mir schon gewünscht, oder 10 % Rabatt auf Cannabis oder 10 % auf erotische Massagen oder so! Ein Schelm der bei der Rabatt-Aktion von Kaufhof denkt, dass die mit dem Rabatt nur Rabatz machen wollten.

Was ist der Unterschied zwischen dem Privat-Fernsehen und einer Bordsteinschwalbe? Eine Bordsteinschwalbe bietet nie Polyphone Klingeltöne zum runterladen an!

Wer deutsche Volks-Musi nachmacht oder fälscht oder nachgemachte oder verfälschte Volksmusi zu Gehör bringt, um sich daran irrsinnig zu bereichern ... ist ein Volksmusik-Star!

Solange man an unseren Träumen verdient, solange werden sie nie Wirklichkeit werden!

Es schmeckt sehr gut der Jänsebraten,
wenn er bei Muttern jut jeraten!
Ob Jänsebrust, ob olle Pute,
Ob Eisbeen, Hammel oder Stute
Zu Weihnachten es lustig ist
Wenn man in aller Ruhe frisst!
Dann hinterher noch Bier und Schnaps,
Mit eene Farbe wie vom Raps,
Nur so ist Weihnachten sehr fein
Wir werden alle glücklich sein!

Wer als Arbeitsloser schon immer mal fliegen wollte, kann sich nun freuen! Mit einem 1,50-€-Job fliegt man nämlich aus der Arbeitslosen-Statistik!

***

Radiotexte aus 2005

Also man könnte ja fast glauben, der Tsunami in Asien sei ein Segen für die Nachrichtensender - N 24 allen voran! Man sieht nur noch Flut, in einer Flut von Bildern!

Ach, mir geht's nicht gut! Was mir fehlt? Eine Frau und ein Lotto-Jackpott!

Der Arztbesuch im Januar gleicht einem Besuch eines West-Berliners in der damaligen Ost-Zone! Man will nicht wirklich hin und man zahlt Eintritt!

Hab mir letztens bei Penny so'ne Dauerkonserve ... eine Dose, Gyros geholt! ... Also man soll ja zu Essen nicht: „Iiihh-gitt" sagen, aber das Gyros aus der Dose von Penny sah aus wie Chappi, es roch wie Chappi, es schmeckte nach Chappi ... . War es vielleicht Chappi? ... Ich bin ein guter Hund!

Menschliche Ohren und Nasen wachsen Zeitlebens 1 mm pro Jahr! ... Na toll, hab ick also mit 70 einen mindesten 7 cm langen Zinken! ... Armer Prinz Charles! Nur fliegen ist schöner!

Die Jugend ist leider genauso vergänglich, wie die Unschuld einer 14-jährigen!

Die Brandenburger Polizei fährt jetzt in Blau! (Blaue Kfz) Ein Schelm, der böses dabei denkt!

Familiengericht, Jugendgericht, Vera, taff, prompt, Blitz, Big Brother ... . Das intelligenteste Fernsehformat, dass die Privaten jemals hatten, war „Tutti-Frutti", ... da wusste ja nicht mal der Producer, nach welchem System die Punkte verteilt wurden, so intelligent war das!

Mein Orthopäde hat mir mehr Bewegung verordnet ... nun fahr ich täglich mindestens zwei Stunden Auto!

SIE: Liebling! Ich hab nichts anzuziehen! Ich brauch unbedingt ein neues Kostüm! ER: Wieso? Willste dir verkleiden?

Das Fernsehen wird niemals die Zeitung ersetzen können! Na haben sie schon mal versucht, mit dem Fernseher eine Fliege zu erschlagen?

Glückwunsch an die Gemeinden Zeuthen und Wildau bei Berlin! ... Ja! Dank eurer erstklassigen Umleitungen nach Königswusterhausen aus Richtung Berlin, lernt man viel von der Wildauer-Zeuthener-Umgebung kennen, man kommt aber als Orts-Unkundiger NIEMALS in K.W. an! Klasse gemacht eure Umleitungen!

Mensch, mir gehts heute genauso gut, wie Berlins Baumvater Ben Wagin! Ich könnte heute Bäume ausreißen!

Meine Freundin Antje war letztens ganz geknickt! "Meinst du nicht,", jammerte sie, "dass ich zu wenig Busen habe?"
"Nöö!", sagte ich, "zwei davon sind okay!"

Heimwerkerdgesetz Paragraph 458 ... Ein Werkzeug, das in ein Gerät hinein fällt, landet IMMER an der Stelle, wo es den größten Schaden anrichtet!

Ich glaube zwar nicht an übernatürliche Kräfte, aber eigenartiger Weise hab ich im Radio immer ein mächtiges Sendungsbewusstsein!

Es gibt zwei Dinge im Leben, die ich wohl nie verstehen werde! Ich verstehe nicht die Frauen und nicht die Computer ... aber bei Frauen bin schon ganz nah dran!

Was hat ein Löwe, der nur Bio-Fleisch frisst? Eine Öko-Mähne!

Am Geldautomaten: Los, zeig's mir! Gib's mir schon, du Sau!

Um auch weiterhin genug dünnen Kaffee in den Suppenküchen von Texas ausschenken zu können, hat US-Präsident Bush angeordnet, Kaffee-Plantagen in Kolumbien zu konfiszieren! Nach dem Recht auf eine Waffe für jeden freien Amerikaner wird damit nun in den USA auch das Coffee-Right eingeführt!

Zur Zeit, seit einer Woche, mache ich ja so einen Kurs, gefördert durch den Europäischen Sozialfonds! Und, was lernt man da in der ersten Woche? Wie bewerbe ich mich richtig! Frage an den Pauker: Gibt es bei fünf Millionen Arbeitslosen noch ein „richtiges" bewerben? Antwort: Im Prinzip nein, aber die Standards für die schriftliche Bewerbung ändern sich laufend! ... Ho-he-ho! ...

Merke: Wer „mal schnell" was erledigen will, sollte auf Microsoft und auf das Internet verzichten! Det dauert sowieso länger! Frage mich aber allmählich, mit welchen Computerprogrammen Bill Gates arbeitet!?

Um den Notstand in den Pflegediensten schnell zu beseitigen, wurden ab Ende September 2005 durch die Jobcenter nochmals alle Leute in die Pflegehelfer-Ausbildung gepfercht, derer man habhaft wurde und die wenigstens halbwegs willig dazu waren. So kommt es bei der Bude „Isys" auf dem Gelände der Königstadtbrauerei, die im Auftrag des „BTB-Bildungszentrums" in der Straßburger Straße arbeiten, bei dem angebotenen ESF-Kurs zu katastrophalen Zuständen in der Ausbildung, weil man bis zu 54 Leute gleichzeitig in einen unbelüftbaren Schulungsraum sperrt. Wie man unter diesen Bedingungen, unter diesem Dauerlärm, Wissen aufnehmen soll, ist mir bislang unklar! Was aber für mich wirklich neu ist, ist wie an sich untereinander rücksichtslose Menschen in der Schulung späterhin rücksichtsvoll, um den Menschen bemüht, agieren wollen. Rollt da ein neuer Pflege-Notstand auf uns zu? Um Euch einmal das Niveau darzulegen, auf dem dort unterrichtet wird, gebe ich hier folgende, von mir als Kursteilnehmer zu lernende Definition wieder, Zitat: „Die Lebensmittel-Kennzeichnungspflicht regelt die Kennzeichnung von Lebensmitteln!" ... Boa! ... Merke: Wer in die Altenpflege gehen will, muss damit rechnen, es mit älteren Leuten zu tun zu haben!

Leute, die nicht ganz rund laufen, sind deshalb interessant, weil sie etwas eckig sind und an Ecken kann man sich genüsslich reiben!

Dumme, die mit ihrer angeblichen Klugheit frech kokettieren, stellen eine Gefahr für die Allgemeinheit dar, weil sie die Klugen Mundtod machen!

Männer werden schneller weich, wenn die Frauen ausgekocht sind!

BVG und S-Bahn geben es zuSie haben zu viele Juristen angestellt! Die Arbeitsorte der Juristen bei BVG und S-Bahn sind die ganzen Gleich-Richter-Stationen!

Wer heute den Kopf in den Sand steckt, der knirscht morgen mit den Zähnen!

Elfchen (Geschichte aus nur elf Worten)
Piep
Piep – Piep
Wau! – piep – Aaaah!
Miek – miek ... puh! .... sssst ...
Boing!

***

aus 2006

Der Beruf des Selbstmordattentäters ist deshalb so sehr beliebt, weil man den Täter hinterher nicht mehr so leicht zur Verantwortung ziehen kann!

Jetzt wissen wir endlich, dass es in Sachsen keine Energie-Probleme gibt! Die Sachsen sind so dankbar, weil es in Sachsen keine Tankstellen, sondern nur noch Dankstellen gibt!

Bei der BSR gibt's ab diesem Jahr die sogenannte "Nachbarschafts-Tonne", zwei Nachbarn teilen sich eine Mülltonne, um Kosten zu sparen! Na, wenn man das in der Sesamstraße erfährt, schreibt man dem Grobi doch glatt noch eine Grobine zu! Hoffen wir, dass man die Nachbarschaftstonne nicht gleich wieder in die Tonne tritt!

Was ist der Unterschied zwischen dem neuen und dem alten Otto-Katalog? Gibt keinen ... brennen beide schlecht!

Wisst ihr, was passiert, wenn in einem Kurs hinter einem zwei Kerle und ein weibliches Wesen sitzen? Dann kommen die aus dem Gekicher und Gegacker nicht mehr heraus, unter der Überschrift: Spätpupertierendes Brunftverhalten!

Wusstet ihr, dass Kannibalen meist einen Mordshunger haben?

Übrigens, Vegetarier leben nicht länger, sie sehen nur älter aus! ... Es lebe das Schnitzel!

Paradox ist, wenn ein Schirmherr nass wird.

Nimmt der Ochse ein Kondom,
lacht der Kuhstall voller Hohn!
Springt der Bauer auf den Kater,
wird er nur ganz selten Vater!
Tote Hühner in den Ställen,
das gibt im Frühjahr Salmonellen!
Ist die Hand vom Bauern kalt,
liegt sie abgehackt im Wald!

Spargel hilft beim Sex nur, wenn man ihn nicht kocht!

Selig sind die Bekloppten, denn sie brauchen keinen Hammer mehr!

Gut, dass es die Vogelgrippe jetzt auch in Berlin gibt! Da hat der

Pleite-Geier in der Stadt wenigstens keine Chance mehr!

Eine Statistik besagt: zwanzig Prozent aller deutscher Männer wollen zu Ostern die Eier weichgekocht, vier Prozent hart und der Rest hätte sie gern sanft gestreichelt!

Frage: Wenn der Osterhase Eier bringt, ist er dann auch H5N1-gefährdet?

Kennt ihr die typische erste Diagnose von Doctor Pille McCoy aus Raumschiff Enterprise, wenn er ein am Boden liegendes Besatzungsmitglied sieht? „Ich glaube, er ist möglicherweise tot, Jim!"

Toll, dass man jetzt auch Nachts um drei Geschäfte ausrauben darf! Dank 24 Stunden-Öffnungszeit ist ja heute alles möglich.
Das waren Zeiten, als es noch keine Öffnungszeiten gab, sondern der Neandertaler, wenn er nachts Hunger hatte, im Dustern sein Mammut jagen ging.

***

aus 2007

Ich weiß nicht ... die meiste Zeit bin ich zu hause im Internet damit beschäftigt, mich vor Viren aus dem Internet zu schützen!

Ja ... ich habe sie gekauft, ... die neue CD von Norah Jones „Not to late"! Wollte ursprünglich unbesehen mit einem Song davon heute beginnen ... aber die ist so schlecht ... also ... wirklich ... Norah Jones hat zwar ein hübsches Stimmchen, aber bei der gesamten CD ging man bei der Produktion auf Nummer sicher. Langweilige Liedchen, die immer je um nur ein Riff herum gebaut wurden und alles ohne wahres Gefühl! ... Fahrstuhlmusik ist da meist besser! Also Ihr könnt euch „not to late" natürlich kaufen, aber wenn ihr euch mit eurem Freund oder eurer Freundin in ein nettes Café zum brunchen setzt, habt ihr mehr von ... oder ihr könnt euch auch drei

Kilo Butter kaufen und euch die in die Haare schmieren, da habt ihr auch mehr von, ... aber ... naja ... auch wenn man alles richtig macht, siegen doch manchmal die anderen.

Was ist der Unterschied zwischen einem Manager und einem Biber? Biber halten keinen Winterschlaf!

Der kommerzielle Berliner Hörfunksender Spreeradio sendet derzeit, nach eigenen Angaben, vormittags live aus der Karibik Macht ja auch unheimlich Sinn, denn wenn es in Berlin morgens um sieben ist, ist es in der Karibik noch Nachts um zweie! ... Dazu hört man im Hintergrund eine angebliche Live-Kulisse, wie man sie am besten mit Hörspielgeräusche-CD's zustande bringt, so johlende Menschenmengen beim Wasserball und sowas ... Nachts um zweie! Also gut, liebe Hörer, wenn sich Spreeradio live aus der Karibik meldet, mache ich den Rest des OKbeat heute live aus dem Raumschiff Enterprise! Beam mich hoch, Scotty!

Die CDU will nach der durchgepaukten Gesundheitsreform bei den Krankenkassen künftig das billigere Gesundbeten einführen!

Der Bauer ist nicht gerade heiter,
fließt aus einer Beule Eiter!

Das neue Nichtrauchergesetz, das der Deutsche Bundestag jüngst verabschiedete ist eher ein „Anti-Nichtrauchergesetz!" Alles klar? Mir ooch nicht! Jedenfalls soll dieses Rauchergesetz Nichtraucher künftig schützen! Aus diesem Grunde gilt ab demnächst ein Rauchverbot in allen öffentlichen Gebäuden, die von der Bundesregierung betrieben werden. Einzige Ausnahme, so beschloss der Bundestag, ist der Bundestag selbst, so quasi als Nichtraucherfreie Zone!

Der Vorteil, wenn man Fische, anstatt Miezekatzen oder Hundeköter als Haustiere hält, besteht darin, dass bei Fischen die Zeckengefahr relativ gering ist. ... Es sei denn, ihr lebt an der Elbe und lasst eure Fische bei Hochwasser frei herum schwimmen.

Tempelhof wird geschlossen und keiner weiß warum! Will man dort etwa Eigentumswohnungen für tapfere Junggesellen und Junggesellinnen errichten, oder was? Naja, in einer Stadt, in der man sinnlos Gasometer sprengt, schließt man halt auch klammheimlich wichtige Einrichtungen, wie zum Beispiel Flughäfen! Tempelhof bleibt!

Langsam wird Wowereit zum Tiefflieger! Wer Schönefeld nicht abstürzen lassen will, muss Tempelhof erhalten! Ich liebe den Airport Tempelhof!

Der Prenzlauer Berg ist luxus-saniert, die Berliner S-Bahn hat ihren Charme verloren, ... lasst uns wenigstens Tempelhof! Tempelhof bleibt offen!

Die größte Ehre ist es doch, von allen anderen kopiert zu werden!

G-8-Gipfel in Deutschland .... Machen sie doch mal Urlaub! Wie wär's mit Heiligendamm?

Am Helmholtzplatz im Prenzlauer Berg haben sie am 24. Mai Tütchen verteilt! Ja, Tütchen gegen Hundekacke! Na, ich weiß ja nicht, wie sinnvoll es ist, nun ausgerechnet am Helmholtzplatz Tütchen gegen Hundescheiße zu verteilen. Am Helmholtzplatz werden doch die Tütchen eher geroooocht!

Will der Bauer fröhlich zündeln,
muss er erst die Gerste bündeln!

Gerüchte sind wie stille Post, sie haben denselben Wahrheitsgehalt, wie eine holländische Tomate Vitamine! Gerüchte interessieren mich genauso, wie das Rauschen der Blätter im Walde!
... Aber ... ähm ... haben Sie schon gehört, dass der Gänsrich demnächst versuchen will, von seinen Büchern zu leben? Haben Sie noch nicht gehört? ... muss wohl'n Gerücht sein!

Wer von Gütertrennung redet, meint nicht Abfallbeseitigung oder ist auch nicht Verkehrsminister, sondern es könnte ganz einfach JEDEN treffen!

Kesser Spruch von Neu-Reich-Bauer zu Neu-Reich-Bauer: Haste mal'ne Mark?

Willst du an einem Kaktus lehnen,
wird deine Haut sich überdehnen!

Nach einer Woche do-it-yourself-renovieren in meiner Wohnung stelle ich verzweifelt fest: Wand-Farbe haftet grundsätzlich am besten ... auf meiner Haut!

Regt der Bauer sich nicht mehr,
hatte er Geschlechtsverkehr!

Edmund Stoiber ist zurück getreten!
Na hoffentlich hatte er'n guten Abgang!

Meine beste Freundin Peggy heiratet nächsten Samstag ihren Marco! Glückwunsch schon mal dahin nach Pankow! ... wie romantisch! Icke bin ihr Trauzeuge!
.... na, aber ob man mir als Zeugen trauen kann? ...

Um die Bevölkerungszahlen in Deutschland nicht überquellen zu lassen, bieten die großen Pflanzenhändler wie zum Beispiel OBI schon seit geraumer Zeit den hochgiftigen Kirschlorbeer zum Spottpreis an, ja, die verramschen den geradezu! Steht ja auch mittlerweile draußen im Kübel vor allen Cafés als Sichtblende und so. Alles am Kirschlorbeer ist toxisch ... die Blätter, die Stängel, die Blüten, die Früchte ... Wenn sie also der Meinung sind, sie haben inzwischen weit mehr als genug Nachwuchs gezeugt oder ihre Enkel werden ihnen langsam lästig oder die Kinder aus dem Nachbargarten, dann pflanzen sie Kirschlorbeer!

Wer faul ist, ist schlau, denn es ist immer noch besser, nichts zu tun, als das Falsche zu tun!

Lasst uns einen Toast toasten und eine Rede reden!

Vielleicht sollte ich mal meinen Vermieter bestreiken. Da eröffnen die mir doch erst einen Tag nachdem ich letzte Woche meinen Badeofen geheizt hatte, dass man bereits vor einer Woche die Schlote zugemauert hat und ich soll künftig erst einmal auf's Bad verzichten. Und ich wunderte mich über starke Kopfschmerzen nach dem heizen. Vermutlich Kohlenmonoxidvergiftung. Also, wenn ihr eure Mieter schon abmurksen wollt, dann nehmt doch statt Kohlenmonoxid besser Strychnin, das lässt sich wenigstens nach dem Tod kaum noch im Opfer nachweisen.

Auch wer keine Fehler macht, kann verlieren!

Merke: Konservengerichte sind leichter verdaulich, wenn man vor dem Verzehr die Dose entfernt!

Windows: Für die einen ist es ein Betriebssystem, für die anderen der längste Virus der Welt.

War Freitag beim Zahnarzt! Man, hab ick die Schnauze voll!

***

aus 2008

Werbung: „Meissster, Meissster, warum heißen denn die Deutschländerwürstchen, Deutschländerwürstchen?" „Na, weil da einige durchgedrehte Össsterrrreicherrr Brühpolnische zermatscht haben!"

Ich hoffe, ihr seid alle gut hinein gerutscht in dieses Jahr, habt schon einige Eisbär-Flipps an einer Bar getrunken .... ja, ... Wasser on the rocks ... und habt die Feiertage gut überstanden!
Spritney Pears ... ähm ... Britney Spears ja offenbar nicht .... Mädel, wer seinen Kummer in Alkohol ertränken will, irrt, denn Alkohol konserviert!

Wer hat zu viel Kohle? Der Schein-Werfer!

Was ist schwarz und klopft ans Fenster? Ein Kind in der Backröhre!

Ick trommel übrigens immernoch ... für den Erhalt von Tempelhof, für den Verbleib der Berliner Wasserbetriebe im Land, für freie Drogenabgabe an Britney Spears ... Laufen derzeit viele gute Volksbegehren in Berlin! Gehen sie mal ins Bürgeramt!

Schlager-Schlunze Ecki Göpelt singt in seinem neuen Schlager auf FAB, man möge ihn doch bitte in'ner Kneipe begraben, wenn er mal tot ist und nicht auf'm Friedhof, denn dort, also auf'm Friedhof, wäre er sonst so allein! Lieber Ecki Göpelt, du bist nicht allein! Du bist niemals alleine! ... und schon gar nicht auf dem Friedhof, denn dort liegen nicht nur alle anderen Schlager-Schlunzen, sondern bald auch deine Fans!
Merke: Wer mit Ecki Göpelt in der Kiste liegt ... lebt nicht mehr!

Frage ans ZDF: Gibt's beim ZDF gelegentlich auch mal Johannes-B.-Kerner-Freie Tage?

Wüstenroth, schlecht Wetter droht!

Wie nennt man es, wenn man eine tote Leiche wiederbelebt? Big Brother!

Habe letztens mit meiner Phantasie Brüderschaft getrunken. Ich darf sie jetzt Phanta-Du nennen! ... Hu-hu - haha

Liebe Barbara Schöneberger! Wenn man bei der „Goldenen Kamera" vor Publikum singt, wäre es sicher von Vorteil, wenn man vielleicht wenigstens ETWAS Stimme hätte!

Habe letztens in einer Fachzeitschrift gelesen, dass die afrikanischen Griots sogenannte „Oral-Historie" betreiben? ... Äh? ... Und dann kam ich drauf: „Oral-Historie" ist eine andere

Bezeichnung für „mündliche Überlieferung". Da muss man erst mal drauf kommen! Nun lasst uns mal Musik machen, bevor meine Oral-Attitüden zum Anal-Auswurf werden!

Ausruf eines Jüngers des Backwahn:
Meesta, wie viel Sauerteig kommt denn nun in die Schrippen?

Schlagzeile der Woche! Eva Herrmann verhaftet – zu viel Gas gegeben!

Und da war da noch das Kannibalen-Restaurant! Die servierten Schlager-Schlunzen! Am schleimigsten war dabei
Ekki Göpelt
Gepökelt!

Schlagerschlunze Ekki Göpelt soll mit seiner Musik angeblich Menschen heilen ... berichten seine Fans! Da fragt man sich doch eines: wie krank muss da jemand sein, dass er ausgerechnet von Ekki Göpelt geheilt wird?

Am 7. März war im ZDF-Text auf Seite 593 zu lesen, dass an jenem Tage im Jahr 1946 die FDJ als, Zitat ZDF: „Unterorganisation der SED" gegründet wurde! Wie geht denn das? Die SED wurde doch erst einige Wochen später, am 21./22. April 46 gegründet! Ich dachte immer, der Kalte Krieg sei längst vorbei! Auf meine diesbezügliche Anfrage hat das ZDF bislang leider nicht geantwortet! ... Mh!

Der Schweizer Staatszirkus, der derzeit am Leipziger Platz seine Zelte aufbaut, bietet seine Vorstellungen zu Preisen von 24 € bis 116 € - einhundertsechzehn! €uro an! Ist ja prima, da greif ich mir meine Freundin und ihr Balg und verballere mal eben für die erste Reihe in dem Zirkus auf einen Schlag mein Hartz-IV! Hab ja sonst nischt mehr zum lachen!

Am Freitag stand es drin, im Bild-BZ-Kurier: US-Gouverneur Eliot Spitzer, tja, der Name ist Programm, hatte öfters Sex mit

Edelhure Kristen, die 4300 Dollar pro Stunde nimmt! Nun kläre mich doch da mal jemand auf, ich meine, ich hab ja sowas so selten ... ähm ... wieviel ist ein Orgasmus wert?

Die Berliner Wasserbetriebe haben letzte Woche in ihrer Jahreshauptversammlung festgestellt, dass kühle, feuchte Sommer, so wie letztes Jahr, nicht gut sind für die Berliner Wasserbetriebe. Sie fordern deshalb eine schnellere Klimaerwärmung ... und Autos, die mit Wasserstoff fahren. ... Na nun wissen wir aber endlich, wer hinter der Klimaerwärmung steckt! Nicht Vattenfall, sondern die Berliner Wasserbetriebe!

Fragt mich doch gestern meine Freundin Tina, ob ich nach zweieinhalb Jahren Reco eigentlich noch immer Bauarbeiter im Haus habe? Klar! Ich werde jeden morgen pünktlich um sieben von denen geweckt .... krrraaawong!

Beginnen wir heute mal mit einem Song von George Harrison: Crackerbox Palace, in dem er darüber singt, dass er noch sehr jung war, als er geboren wurde!
Naja, das kann man ja so oder so verstehen!

Schmeißt du den Hasen in die Pfanne,
wird der Hasenmama bange

.

Das Wort „Kumpel" heißt so in etwa „kleiner Brotfreund". Das geht auf das lateinische Wort Companio zurück. „Panis" bedeutet Brot! Damit also zurück zu meinen Gästen .... Liebe Scarlett, lieber Jürgen, ich würde mich freuen, euch heute zu meinen „kleinen Brotfreunden" machen zu können!

Habe bei der Beisetzung meiner Mutter schon gemerkt, dass es recht eigenartig ist, bei einer solchen Feier schon in der ersten Reihe zu sitzen. Da ist man ja dann doch der "Schwarzen Kiste" recht nahe, und es wird einem sehr klar, dass man auch recht bald die Hauptrolle bei solch einer Veranstaltung übernehmen wird.

Alle Reden von Öko-Sprit! Ich kenne nur einen echten Öko-Bio-Sprit und das ist der für den wiehernden Hafermotor! Der Vorteil an den wiehernden Transportmitteln ist gleich auch noch der, dass sich dessen Abfälle prima in jedem Garten verwerten lassen und wenn das Vieh mal ausgedient hat, lässt sich alles von dem Gaul recyclen! Das Fleisch wird zu Buletten, die Knochen zu Kleister und selbst die Hufnägel lassen sich hervorragend zu Stricknadeln umformatieren!

Habe letztens mal wieder irgend so einen Busch gekauft! Keine Ahnung, was das für'n Zeugs war. Es hatte grüne Blätter! Der stand da so einsam im Supermarkt herum und flehte: „Nimm mich mit! Nimm mich mit! Ich bin ganz vertrocknet, koste nur 1,50€ und bin total pflegeleicht! Bitte nimm mich mit zu dir nach hause!" Komisch! Frauen sagen sowas zur mir nie!

Die deutschen Wirtschaftsweisen stellten jetzt fest: In Deutschland gibt es in diesem Jahr ein Wirtschaftswachstum von über einem Prozent! Ist doch auch klar, warum, oder? Na, wir haben in diesem Jahr ein Schaltjahr, außerdem wurde den Arbeitnehmern in diesem Jahr ein Feiertag gemoppst, weil Himmelfahrt und 1. Mai auf einen gemeinsamen Tag fielen. Heißt, wir haben in diesem Jahr zwei volle Arbeitstage mehr! Bei 200 sonstigen Arbeitstagen, sind zusätzliche 2 Arbeitstage 1 % mehr! Im nächsten Jahr soll es dann ja bei uns auch die Vollbeschäftigung geben! Kuba exportiert deshalb ca. 82 Millionen Fässer Rum nach Deutschland!

Wer einen Kaffee-Strauch hat, hat auch das Coffee-Right!

Hinweis an Siemens:
Wer Schmiergeld will, muss belegte Brötchen verkaufen!

Wenn sich zwei, die von anderen wie Gott verehrt werden, öffentlich begegnen, so ist dies für die Umstehenden eine sehr ernüchternde Erfahrung!

Wie man sich füttert, so wiegt man!

Ganz gleich, ob Feiertag oder Werktag, ob Sonntag, Montag oder Dienstag, jeden morgen beginnt bereits seit einiger Zeit immer um 6.oo Uhr auf der Frequenz von Sat.1 Blöd-TV! Blöd-TV ist noch blöder, als RTL-II! Blöd-TV am Vormittag, Blöd-TV mit Vera, Blöd-TV mit Kallwass am Nachmittag, Blöd-TV mit Lenßen und Partner, Blöd-TV Wau-Wau am Abend und Nachts sau-blöde Anrufspielchen spielen! Blöd-TV beendet übrigens jeden morgen um 6.oo Uhr sein Programm! Blöd-TV, ... schon seit langem auf der Frequenz von Sat 1! Blöd-TV ... Machs mir! Mach mich blöd!

Ist der Bauer richtig froh,
hört er mich in Stereo!

Lasst mich bitte drei Sätze zum Eurovision-Song-Contest sagen, ja! Die No Angels sind nun mal keine Engel! Casting-Bands müssen heute nur gut aussehen und müssen nicht singen! Man, war der Auftritt von den No Angels schrecklich! Hatte den Eindruck, die haben die Töne in ihrem Song immer nur mal gelegentlich per Zufall getroffen! Ich warte ja seit 34 Jahren auf ein neues Abba-Wunder! Tja, ARD, selbst schuld, wenn ihr auf den Schund-Zug mit Bohlen-Castings aufspringt! Also beschwert Euch nicht über den letzten Platz! Dazu dann noch die Kameraführung und Bildregie aus Belgrad! Mensch, jeder Dussel weiß doch, dass ich mit'nem Ran-Zoom verdichte und mit'nem Weg-Zoom Spannung abbaue! Bei den, ... wie-hießen-unsere-Mädels-doch-gleich? ... kann man nichts mehr auf oder abbauen. Da hätte nicht mal mehr ein totaler Kamera-Black-out geholfen. Ist ja auch egal! Vielleicht sollten wir nächstes Jahr RBB-Intendantin Dagmar Reim nach Moskau schicken ... mit unserer Angy im Gepäck ... als "die höllischen Schwestern"!

Es ist heiß, es ist ILA und die Leute wollen alle raus ins Grüne, ... vollkommen logisch, dass die Berliner S-Bahn dann nur Halb-Züge einsetzt! Das ist dann schön kuschelig!

Man hört ihn gern, im ganzen Zoo,
den OKbeat in Stereo!

Wann igelt sich der Hase ein? Na, wenn sich der Igel einhaselt!

Ich grüße Marina aus Grassau! Marina ist die einzige Frau, die ich jemals wirklich geheiratet hätte! .... Hätte ich es damals mal gemacht! Marina, wir wollten doch heiraten, Kinder kriegen, Berlin aufmischen, vor der amerikanischen Botschaft demonstrieren, in den Elternbeirat eintreten, uns ein Gummiboot kaufen! ... Also Marina, ich grüße Dich hiermit ganz lieb!

Zwei Kühe sitzen auf dem Acker und hacken Heizöl. Kommt ein Pferd vorbei geflogen. Kurz darauf noch eins. Sagt die eine Kuh: "Hier muss irgendwo ein Nest sein!" Darauf die andere: "Nee, das sind Zugpferde, die fliegen nach Süden!"

Um die Funktionstaste F4 bei den PC-Nutzern bekannter zu machen, hat Microsoft jetzt den Western-Klassiker „Der letzte Befehl", mit John Wayne in der Hauptrolle, aufgekauft. Nach der, von Microsoft bezahlten Rekonstruktion und dem aufpolieren des Filmes, soll „Der letzte Befehl" unter dem neuen Titel „F4" demnächst wieder ins Kino kommen!

Gruß an die amerikanische Botschaft, die ja seit gestern wieder am Pariser Platz ist! Anscheinend liebt Amerika ja Feuerwerk! ... Mh ... in Vietnam, im Irak ... Gut, dass die Berliner Botschaft nun endlich wieder an den sichersten Platz Berlins umgezogen ist .... na, darum heißt er doch Pariser Platz!

Warum ich hier nie was von Dieter Bohlen spiele, wurde ich letztens von'nem Hörer gefragt! Wieso? Seit wann macht Bohlen denn Musik?

Mensch, die Tour de Doping läuft ja seit heute wieder! Mal kieken, wer da am schnellsten durch Frankreich radelt!
Merke: Drogendealer hab es immer eilig!

Inkompetenz durch Inkontinenz: Unter dem Motto: Ich „parks" mal schnell ihr Auto ein, wirbt derzeit eine Lebensmittelbude mit den Worten, Zitat: "Kaufland – Partner der Naturparke!" Ich meine, selbst auf dem gemeinsamen Logo steht das so: "Naturparke Deutschland und Kaufland". Und dann im Text, Zitat: „... durch Kooperation mit den Naturparken in Deutschland engagiert sich ..." usw. Also ich weiß nicht, aber der Plural von Park ist nicht Parke sondern Parks.

Merke: Gehe bei Kaufland nie mit die Harke auf die Parke, sonst trittst de auf die Sarke, inn Kopp von die Vorstand vonnse Kauflands-Chef-Etage! Daran merkst man mal, wie kompetentse Kaufland seien tut! Alles Klar? Mir ooch nich!

Wer mal gut Essen gehen möchte, ist am Helmholtzplatz richtig, den dort gibt es "Freak à Delle". Noch besser wird es an einem Imbissstand in der Greifswalder Straße, denn dort gibt es "warme Bockwurst"! Garantiert heiß ist die also nicht mehr! Na, möchten Sie noch 'n lauwarmes Würstchen?

Laut Flensburger Bußgeld-Katalog könnte die Polizei jedem Autofahrer 20 €uro Geldbuße aufdrücken für, Zitat: „ ...unnützes Hin- und Herfahren innerorts ..." Zitat ende!
.... Mh .... Berlin könnte so reich sein! ...

Wurde letztens mal wieder von der Polizei auf meinem Fahrrad angehalten. „Warum haben sie denn an ihrem Fahrrad kein Licht?", wurde ich gefragt: „Na," sagte ich, „denken sie, als Union-Fan fahre ich mit'nem Dynamo?"

Wer Stahl klaut, begeht Diebstahl, denn er ist ein Stahl-Dieb!

Nieder mit dem Mieder! – Es lebe der FKK-Strand!

Säße jetzt auch lieber am Strand im Liegestuhl, mit 'ner Cohiba im Mundwinkel, einem echten Kuba-Rum in der Kralle, im Arm eine braungebrannte, karibische Schönheit und umgeben von Hula-Mädchen mit Blumenkränzen um die Schwanenhälse, die mir mit Palmwedeln ein laues Lüftchen zu fächeln. Tja, geht halt gerade nicht! Also umklammert eure Berliner Weiße, streichelt eure

Partnerin, stellt euren Liegestuhl in den Tiefkühlschrank und seid beim Sex gaaanz laaaangsaaaam, damit ihr bei der Hitze keinen Herzkasper bekommt!

Ich ende mit einer herrlichen Stilblüte aus der Grundschule, Zitat: Als ich heute morgen aufstehen wollte, war ich noch nicht wach. Deshalb habe ich verschlafen!

Hier & da mal lügen,
da und dort betrügen.
Mit Koffern voller Geld herumschleichen,
sich selber mal die Steuer streichen.
So was willst auch Du?
Wähle nur die CDU.

Leute, seid immer gut zu Vögeln!

Besteigt der Hahn die junge Ente,
zahlt er niemals Alimente!

***

aus 2009

So lange du dem anderen sein Anders sein nicht verzeihen kannst, so lang bist du noch weit ab vom Pfad der Weisheit!

Schlagzeile: Berliner Polizei rückte aus! ... Wieso? Vor wem? Seit wann ist die Berliner Polizei feige?

Wenn der russische Rubel durch die Wirtschaftskrise zu sehr unter Druck gerät, ... tja, dann muss man ihn halt umrubeln!

Ruf eines Poliers auf der Baustelle Storkower Straße / Greifswalder Straße an seine Untertanen: „Hat hier jemand gelbe Kreide?" „Nöö!", blökt da Gänsrich von der anderen Straßenseite, „nur gelben Husten!"

Big Brother läuft noch, Dieter Bohlen lebt noch, Roland Koch bleibt noch .... na, dann ist die Welt ja in Ordnung!

Wer sich über das Haar in der Suppe aufregt, sollte aufhören, sich beim Essen den Kopf zu kratzen!

Merke: Auch fanatische Vegetarier beißen nicht gern ins Gras!

Jetzt ist es bewiesen: Grüne Erbsen sind gesünder, als blaue Bohnen!

Ein Kannibale ist ein gastfreundlicher Mensch, der gern andere Leute zum Essen einlädt!

In der Liebe geht es nicht um romantische Gefühle oder um Händchen halten, bis zum Morgengrauen, sondern darum, dass es da jemanden gibt, mit dem man es länger, als zehn Minuten am Stück zusammen aushält!

Werbung: Neu! In Ihrem Supermarktregal! Würgel-Express! Würgel ... Die Nudel für Nudisten! ... Jetzt frisch im Kotzbeutel!

Die Klimaerwärmung merkt man am besten daran, dass man bereits im März das April-Wetter hat!

Dir fehlt wohl leider etwas Knete,
streichst du selber die Tapete!

Heute ist Palmsonntag! ... der Kluge Hobbykoch weiß: Palmsonntag hat nichts mit Palmin zu tun! Dazu sagt der Gourmet: Palmwein schmeckt eh viel besser, als Palmolive!

Mein Haushaltstipp für sie! Drücken sie niemals ... NIEMALS irgendeine rote Taste! Drücken sie niemals eine rote Taste! Mich hat das drücken einer roten Taste sechzig Euro, das Netzteil meines Computers und vier schlaflose Nächte gekostet! ... Also, drücken sie niemals irgendeine rote Taste ...

Es stöhnt die Sau zu ihrem Eber:
Du knutschst viel besser, als Klaus Kleber!

Was ist der Unterschied zwischen Osterhasen, Dachhasen und
"Falschem Hasen"? Dem "Flaschen Hasen" sieht man an, dass er
nicht aus Karnickel besteht!

Ein Kuss ist, wenn zwei Lippenlappen
Heftig aufeinander klappen
Und dabei ein Geräusch entsteht,
als wenn'ne Kuh durch Scheiße geht!

War ja nun fast zwei Wochen lang stark erkältet und schwärmte
meiner Freundin Antje vor, was ich da alles gelutscht habe: "Ja",
sagte ich, "Es gibt jetzt Salmiakpastillen in allen Farben und
Formen, extra lang, extra kurz, mit Veilchen, knackig, knusprig,
salzig, groß und klein ... " Da mäkelt sie: "Das ist ja fast, wie die
Auswahl an Männern.

Pop-Gigant .... Hust-Hust .... Mensch, da verschluckt man sich ja,
bei solcher Formulierung! Dass Dieter Bohlen poppen kann, das
wissen wir ja nun ständig aus seinem Munde ... Also nochmal ... in
der Presse stand es heute drin: Dieter Bohlen will den Eurovision-
Song-Contest für Deutschland retten! .... und ... ähm ... bitte wer
rettet uns vor Dieter Bohlen?

Es grinst so nett und brav im Mai
In seinem Meer der weiße Hai.
Der Bauer, den er fraß, war high,
drum fraß er auch noch Bauer zwei!
Damit er wird ein higher Hai!

Habe heute auf einer Brauseflasche die Aufschrift entdeckt, Zitat:
„Nach dem Öffnen kühl und trocken aufbewahren!" .... Zitat ende!
Frage mich dabei: Wie, bitte schön, soll man eine Flüssigkeit, die
überwiegend aus Wasser besteht, trocken aufbewahren?
Daher die Bezeichnung: Martini extra dry!

Kokain ist Gottes Weg dir zu zeigen, dass du zu viel Geld hast!

Ich habe ein Rezept, um jeden Tag fit zu bleiben! Ich laufe jeden Tag Amok!

Heute waren Europawahlen ... und ich weiß jetzt schon, wer die meisten Stimmen hat! ... Ja, die Nichtwähler!

Meine Freundin sagt, ich sei wie ein Schnitzel – von beiden Seiten bekloppt!

Und für Ostasien gilt: Wer Hundefleisch ist, braucht sich nicht zu wundern, wenn ihm der Magen knurrt!

Die Polizei im Iran drückt bei Oppositionellen schnell mal beide Augen zu!

Michael Jackson soll nun, um die Todesursache genau zu analysieren, ohne Hirn beigesetzt werden! .... Ich erspare mir nun jeden weiteren Kommentar!

Nach den neuesten Untersuchungen, wonach Schinken im Restaurant und auf Pizzas teilweise zu keinen 50 % mehr aus Fleisch und Käse dort selten aus Milch besteht, stellen die Gesundheitsämter nun fest: Hunde können BSE haben! Das ergab jetzt eine Routinekontrolle in chinesischen Restaurants bei Peking-Enten!

Chemie ist das, was man gern trinkt,
bevor man sanft ins Koma sinkt!
Wenn du in eine Wurst reinbeisst
Und dir dabei'n Zahn abreißt
Dann war's statt Fleisch wohl Karamell
Das ist preiswert und wächst schnell!

Man kann ein Unternehmen auf drei Arten kaputt machen:
1. durch erotische Nächte und Tanzeinlagen der Sekretärinnen ....

das ist die schönste
2. durch einen Krieg, ... geht am schnellsten
3. durch sparen, ... das ist am ökonomistischen und sichersten!

Marienhof, Marienhof
Das find' ich immer wieder doof!

Es ist ein Irrtum, zu glauben, dass wenn man die Reichen nur reich genug macht, dann schon irgendwann einmal was für die Armen abfällt. Das hat unter Kaiser Nero nicht geklappt, das hat unter Ronald Reagen nicht geklappt und das wird auch heute nicht funktionieren.

Das gute, alte Einhorn
Das hat da so ein Horn vorn,
denn hätte es das Horn nicht vorn,
wäre es kein Einhorn.

War Mittwoch mit meiner Bekannten Jana im Freibad Wuhlheide baden! Hab noch immer Sonnenbrand und Muksel-Knatter!

Seit heute ist Verkehr auf Berlins Stummel, der wohl kürzesten und teuersten U-Bahn-Strecke der Welt! Na lieber Stummel-Verkehr, als gar kein Verkehr! Da fragt man sich schon, wo denn nun heute mehr Verkehr ist, auf Berlins Stummel oder auf der Bier-Sauf-Meile in der Karl-Mu(!)rx-Allee!

Frage: Kommt der Bauern-Schinken,
von einem Bauern?
Dann muss der Bauer hinken
Und ist sehr zu bedauern.

Wenn's dich am linken Ende kratzt,
hat's Die Linke wohl verpatzt
Juckt es dich ganz rechts und oben,
musst du Angy Merkel loben!

Verliert der Bauer seine Hose,
war sein Gürtel wohl zu lose!

Wenn ein Mann bis zum Bauchnabel im Wasser steht, so geht das
für ihn immer über den Verstand!

Die CDU ist wie eine Taube! Ist sie am Boden, frisst sie dir aus der
Hand, ist sie oben, bescheißt sie dich.

Hatte am Dienstag einen Flyer an meinem Fahrrad, das ich da mal
eben vor „Speiche" abgestellt hatte. Aufschrift: Wussten sie, dass
einige Plätze an Berliner Schulen per Los vergeben werden?
Liebe CDU! Was hat landeseigene Politik mit der Bundespolitik zu
tun? Drunter stand: Frische Ideen! ... Ihre CDU! ..... ha-ha-ha!

Lieber mit Angy Merkel im Bett, als mit Westerwave in'ner
Kommune! Apropos im Bett ... ähm ... hat Barbara Schöneberger
das letztens wirklich bei Katrin Bauerfeind in der Sendung gesagt,
dass sie im Schambereich nicht rasiert ist? Müssen wir wirklich
alles über Barbara Schöneberger wissen? Müssen wir Barbara
Schöneberger überhaupt beachten?

Laola-Welle, Deutsche Welle, Westerwelle, Rösler! Westerwave
treibt sich derzeit irgendwo im Ausland rum und trifft sich mit den
Taliban, ... na, wenn er nicht hier ist, kann er wenigstens nichts
falsch machen. Und Rösler, unser Gesundungsminister Rosi ist
momentan abgetaucht. ... Also ob der Rosi die Ärzte glücklich
macht? Oh Rosilein, oh Rosilein,
ich bin auch heute noch kein Schwein.
Warum muss ich die Grippe kriegen
Und Westerwave darf so rum fliegen?
Das schönste an der FDP ist jetzt,
dass ihre Wähler sie versetzt,
ihre Beliebtheit stetig sinkt,
weil sie wohl keine Freude bringt.
Oh Rosilein, oh Rosilein,
warum musst du bei Guido sein?

Erschreckend für die Auswirkung der Medienmache von Bild und BZ ist für mich, dass die Menschen zwar als Beileidsbekundung für einen suizidären Torwart in Massen auf die Straße gehen, dass aber unser Gesundheitsminister Rosi Rösler das solidarische Prinzip der gesetzlichen Krankenversicherung abschaffen will, das interessiert keine Sau ... auch nicht die B.Z.!

Sparst du das Geld für die BZ
Und spendest es: dann bist du nett!
Denn liest du weiter Springer-Presse
Verlier ich gern deine Adresse!

War gestern zur Schweine-Rüssel-Seuchen-Pest-Impfung. Die erste halbe Stunde danach ging es, dann plötzlich zehn Minuten lang butterweiche Knie, dann hatte ich fünf Minuten lang Halluzies ... ey ... schön! ... kann ick die nochmal haben? .... und daran anschließend, bis heute Mittag, solche Kopfschmerzen, als wenn ich gestern meine Birne in ein Fass mit billigstem Fusel gesteckt hätte. ... Aber, hey, ich hab die Impfung überstanden!

Man sollte Roland Koch möglichst noch absetzen, bevor er seinen Geburtstag zum deutschen Nationalfeiertag macht und er das ZDF in CDU-Besitz überführt!

Inka Bause ... ja, genau die Inka, die vor 24 Jahren mal ihren einen, einzelnen One-Hit-Wonder in der DDR „Ist das Liebe", damals geschrieben und produziert von Papa Arndte, hatte, darf jetzt im Traumschiff auf dem ZDF mitmachen. Die Rolle wurde, so der Traumschiff-Produzent, extra für Inka geschrieben. Also ich habe Inka mal live Backstage bei einer Riverboatshuffle von DT 64 erlebt und die Inka ist damals sowas von böse über ihre Fans hergezogen, dass mir die Ohren schlackerten. Wie kommt das ZDF nun dazu, dieser Frau eine Rolle zu schreiben? Oder ist das ein Deal mit Roland Koch, CDU, ... frei nach dem Motto: der ZDF-Chef-Redakteur Brender geht, dafür bekommt das ZDF nun I.M. Inka! Mach mal Pause, Inka Bause!

Hallo liebe Hörfunknation, es ist 21 Uhr, hier ist der unverantwortliche Sendeverantwortliche Rolf Gänsrich und das hier ist der 409. OKbeat vom 26.Dezember 2009 in einer nur leicht bearbeiteten Live-Aufzeichnung vom 11.Dezember aus meiner Küche. Mit der Nummerierung etwas durcheinander, weil ich die Sendungen nach ihrem Produktionsdatum nummeriere! Da verwechselt man dann schon gern mal den Plattenteller mit der Suppenschüssel! Aber so lang wie ich mir nicht ins eigene Fleisch schneide oder meinen Bruder, auf berlinisch „Keule", kille, so lang werde ich sicher auch nicht das Nudelholz mit dem Windows-Rechner verwechseln, denn mit beiden kann man schließlich Leute erschlagen.

Lieber, guter Nikolaus,
zieh mir nicht die Hose aus!
Schick lieber deine Nik'laus-Frau
Mit der spiel ich dann gern Mau-Mau!

Der Klima-Gipfel in Kopenhagen war ja der Gipfel! Da blieb einem ja glatt das Walfleisch im Halse stecken. Dabei wäre es so einfach! Wir pumpen das ganze CO-2 ins Meer und machen aus dem Pacific einen Whirlpool! Ganz offensichtlich wollte man beim Klimaschutzabkommen vom Klimaschutz abkommen!

Und dann noch der ganz kleine Lacher der Woche! Schauspielerin Veronica Ferres outete sich letzte Woche. Sie liebe München und ganz besonders Hannover, erzählte sie in einem Interview! Na klar! Wer sein eigenes, provinzielles Schauspieltalent für wahre Kunst hält, ist mit Deutschlands einziger Weltstadt Berlin schließlich vollkommen überfordert!

Pünktlichkeit ist die Kunst, richtig abzuschätzen, um wie viel sich der andere verspäten wird!

Oh Häschen, mein, oh Häschen mein,
du bist so süß, wie Gänseklein!

Frage: Wenn Mais-Öl aus Mais gemacht wird, woraus wird dann Baby-Öl gemacht?

Laut ARD-Tagesschau von gestern um 20 Uhr, haben wir nun einen neuen Bundespräsidenten. Er heißt Klaus Köhler! ... Na das wird unseren Regierenden Horst Wowereit aber freuen!

War gestern zu Besuch im Kanzleramt! So eine öffentliche Führung! Es war sehr beeindruckend, die Führung war richtig super gut, würde sie auch jederzeit weiter empfehlen. Man spürt dort richtig die Macht! Ja, war echt gut. Also da würde ich auch gerne mal Geburtstag feiern! Auf dem Weg dort hin ist mir übrigens in der Berliner Innenstadt joggend jemand entgegen gekommen, und ich denke noch so bei mir: Wie kann man so bescheuert sein und in der Berliner Innenstadt Sport machen? ..., da kommt mir unser derzeitiger Wirtschaftsminister von zu Gutenberg ... über'n Weg gelaufen! Apropos laufen, ganz Berlin war heute wieder uff die Beene! Nach Angaben der Veranstalter der größte Lauf der Welt! Glückwunsch an die ARD, die statt dessen lieber die Eröffnung des Oktoberfests in München übertragen hat! Na, der bayerische Rundfunk hat schließlich mehr Kohle, als der arme RBB! Jedenfalls 40.000 Läufer am Start! Haile Gebrselassi hat es bei den Männern gewonnen, Atsede Besuye bei den Frauen! Bester deutscher Christian Seiler auf Platz 17 mit einer Zeit unter 2:20 h

Die Vereinigten Staaten wollen bald eine Einreisegebühr für ihr Land erheben, so offizielle Verlautbarungen. Warum kommt mir das als Berliner irgendwie bekannt vor ... mh ... Liebe USA, wie wäre es denn mit einer Zwangsumtausch- und Einreisegebühr von ... sagen wir mal 25 $ pro Tag?

Der Metzger macht Wurst. Sein Geselle beobachtet ihn und meint schließlich: wenn das rauskommt, was da reinkommt, kommen Sie irgendwo rein, wo Sie nie mehr rauskommen!

Guido Westerwelle will künftig Pressekonferenzen nur noch Nachts und in dunklen Räumen abhalten ... damit ihn niemand – nicht mal mehr die Sonne ... überstrahlt!

Guido Westerwave setzt als Außenminister neue Akzente. Das wollte er ja auch. Wir hatten schließlich noch nie einen Außenminister, der kein Englisch konnte. Na, vielleicht hat er ja andere Talente? ... mui gowirim po russki!

Guido Westerwelle heißt ja im Freundeskreis nur: Die Bombe, weil er so'ne Granate ist! So schlecht, wie der ständig drauf ist, ist der sicher von den Taliban mit Nitroglyzerin abgefüllt worden und nun traut er sich nicht mehr, sich ordentlich einen zu schütteln, weil er Angst hat, sonst hoch zu gehen!
Damit sich die Laune von Westerwelle wieder etwas bessert, plant Vattenfall den Westerwelle mal in eines der "ungeheuer sichereren" Kernkraftwerke von Vattenfall oder ins Atommüllendlager in Sachsen-Anhalt zu schicken, damit Westerwelle endlich wieder strahlt!
Lieber mit den Taliban in Bonn, als mit Westerwelle im Bett!

Hopst der Stier auf eine Ente
Zahlt er keine Alimente!

Ick will mich mal mit dem Wirtschafts ... ähm ... Dings ... Brüderle .... unterhalten! Ick wette, so jut, wie wir beede nuscheln, verstehen wir uns hervorragend!

Der letzte Gedanke, eines FDP-Politikers, kurz vor dem einschlafen ... im Bundestag: Mh ... Man müsste sich seine Unbestechlichkeit bezahlen lassen!

Die Bundesregierung will künftig Neo-Nazis zu Teflon schicken, damit man sie dort Anti-Hass beschichtet!

Warum muss man die FDP so lieb haben? Na wegen ihrer aufrichtigen Verlogenheit!

Merke: wenn heutzutage in China ein Sack Reis umfällt, gibt's in Europa ein Erdbeben!

***

aus 2010

Die Gerüchte über meinen Tod sind etwas übertrieben!
Hier ist der unverantwortliche Sendeverantwortliche Rolf Gänsrich – live! Hallo liebe Hörfunknation, es ist 21 Uhr, hier ist der ALEX und das ist der 414.OKbeat vom 16.Januar 2010 – Live! Ähm, hat man ein Dejavu öfter? Also die, die den OKbeat letzte Woche gehört haben, hatten sicher keines! Letzten Samstag, am 9. Januar, habe ich den OKbeat vom 2.Januar wiederholen lassen müssen.
Da die Stammhörer wissen, dass ich hier in die Voltastraße krauche, selbst wenn es mir scheiße-dreckig geht, kann man sich denken, dass, wenn ich eine Wiederholung laufen lasse, es wirklich ernst sein muss! Leider bin ich zwei Tage vor dem letzten OKbeat bei dem Wetter ausgerutscht und hingefallen! Bein gebrochen. Ich war dann am Freitag vor acht Tagen auf der Notfallabteilung eines Krankenhauses, gestern erst beim MRT! Nun hab ich mich bei dem Schneetreiben nicht getraut, nun ausgerechnet mit der S-Bahn an Krücken hierher zu kommen. Deshalb hab ich die Sendung vom 2. Januar einfach wiederholen lassen. Heute bin ich mit der BVG hier! Mein Papa ist übrigens schon seit dem 3. Januar wegen Nierenversagen im Krankenhaus und hängt an den Schläuchen!
Nun also der 414.OKbeat an Krücken! ... Aber egal!
Zuerst eine Wirtschaftsmeldung!
Um den Konjunkturaufschwung und den Autoverkauf weiter zu fördern, haben das Land Berlin und die S-Bahn-Berlin-GmbH beschlossen, im Winter keinerlei Radwege mehr von Schnee zu beräumen und bei der S-Bahn ... ähm ... „Witterungsbedingt" ... noch mehr Züge ausfallen zu lassen. Mit diesen Maßnahmen wird schließlich auch noch der letzte Dödel davon überzeugt, sich endlich ein Auto zu kaufen!
Also so, wie die Stadt von Schnee und Eis beräumt ist, das ist echt ein Lacher! Dass die Hauptstraßen frei sein müssen, ist alles o.k. ... die Stadtreinigung macht einen guten Job, aber Radwege oder

empfohlene Radverkehrsstrecken sind gar nicht geräumt!

Und nun mal mein Wunsch an alle Hauseigentümer in Berlin: Ich wünsche euch, dass ihr euch alle Gräten selber brecht, wenn ihr aus dem Haus geht! Die Fußwege sind ja nirgends geräumt! Wozu gibt's Eispickel? Frage mich, wie das die ganzen Rollstuhlfahrer in der Stadt machen, wenn nicht mal ich an Krücken durchkomme!

Und zur Berliner S-Bahn nur noch ein Satz: Wahrscheinlich hatten die Bahnverantwortlichen, als sie diese Züge kauften, eine witterungsbedingte Gehirnmauke! Zurückbleiben bitte!

Der eine oder andere Stammhörer hat es mitbekommen, dass in meiner Rockradiosendung am letzten Sonntag mein Papa mitten in die Sendung hinein angerufen hat. Tja, das waren die bislang letzten Worte, die ich von ihm seitdem gehört habe. Am Dienstag ist er mit starken Schmerzen an der Wirbelsäule ins Unfall-Krankenhaus Marzahn überführt worden, dort dann mit Not-OP, unter starkem Blutverlust, weil er wegen vieler, neu entdeckter Thrombosen nun so wie ich Gerinnungshemmer nehmen muss, mit der Wirbelsäule unters Messer gekommen und liegt seitdem im künstlichen Koma. Und ich weiter an Krücken nun mit schicker Fixierschiene, denn es hat sich herausgestellt, dass mein linkes Bein komplett gebrochen ist. Bin jetzt mit BVG und S-Bahn hier!

„Lass Uwe jetzt in Ruhe! Wir wollen mit dir nichts mehr zu tun haben!", keifte mich heute meine nette Schwägerin unmittelbar nach der Beisetzung unseres Vaters an. Ist doch immer wieder schön, wenn man nette Leute in der Familie hat!

Ja, klar, Arbeit muss sich wieder für die Arbeitnehmer lohnen!

Aber während der logische Menschenverstand besagt, dann vielleicht mal die Löhne zu erhöhen, will Westerwelle natürlich die Hartz-IV-Sätze senken! Klar, der Niedriglohnsektor muss doch für die Unternehmer erhalten bleiben!

Gesundungsminister Rösler, FDP, will die Kopfpauschale! ... und Guido Westerwelle will, dass alle Hartzies Schnee schippen! Ja, bitte, wo ist die Schaufel? So weitsichtig, vorausschauend und modern, wie Westerwelle mit der FDP ist, werde ich ihm mal zu Ostern den Weihnachtsmann im Auswärtigen Amt vorbei schicken! Merke: Was man von einem Einzigen abkupfert, ist ein Plagiat; was man von Zweien abkupfert, ist wissenschaftliche Forschung!

Habe gestern in einem Café im Prenzlauer Berg ein Schild gesehen mit der Aufschrift „W-LAN-Frühstück". Nun frag ich mich schon den ganzen Tag lang, ob man das mit Löffel, Messer und Gabel oder mit Stäbchen isst.

Die DAK, die Deutsche Angestellten Krankenkasse, erhebt seit Februar 8,00 € Zusatzbeitrag. Da dieser Zusatzbeitrag bei der ursprünglichen Berechnung des Hartz-IV-Satzes vor fünf Jahren nicht berücksichtigt wurde, dachte ich, dies sei ein Härtefall und das Jobcenter müsse diese 8.00 € übernehmen! Falsch gedacht! Das Jobcenter übernimmt diese 8,00 € nur, wenn man mit Arbeit so wenig verdient, dass man durch diese Zahlung in Hartz-IV hinein rutscht! Heißt also, entweder man zahlt den Krankenkassen-Zusatzbeitrag alleine vom Hartz-IV-Satz oder man macht fröhliches Krankenkassen-Hopping oder man spielt Krankenkassen-Bingo, denn garantiert erhebt auch genau die Krankenkasse als nächstes die 8.00 €, in die man gerade gewechselt ist! Ich bleibe bei der DAK!

Letzte Woche waren in Brandenburg einige Stichwahlen! ... Stichwahl? ... Stichwahl? ... Mensch, Schneidermeister müsste man sein! Die sind am demokratischsten! Die haben laufend Stichwahl!

Das ist heute eine Konserve. Also klingt mein Stimmchen heute nicht nur blechern, wie aus'ner Dose, sondern auch noch wie aus'nem Eimer, weil das Echo meiner Stimme sich am Prenzlauer Berg bricht, wo schon Heino gemeinsam mit Guido Westerwelle um die Wette jodelt.

Endlich! Endlich ist es soweit! Ganze zwanzig Jahre nach der Deutschen Einheit, ist nun auch die Greifswalder Straße im Prenzlauer Berg endlich auf Welt-Niveau und die letzte große

Lücke im Versorgungsnetz der Ostdeutschen geschlossen! Und worauf Millionen und Abermillionen von Mitbürgern, Berlin-Besuchern und Gästen gewartet haben, ist endlich wahr! Im S-Bf. Greifswalder Straße gibt's seit ein paar Tagen einen McDonalds! Vorbei die Zeit des Darbens. Endlich könnte jetzt auch ich, neben totem Salmonellenhuhn und Ekeldöner, regelmäßig ungesunde, halbgare Fleischklops in matschig-weichem Brötchen mit viel zu salzigem Tomatenmark essen! Und was für eine Allianz – Berliner-Chaos-S-Bahn und ein Papp-Klops-Produzent! Ja, ja, McDonalds fährt einfach gut ... oder so! Merke: Einen Big-Mäc gibt's immer dann, wenn man bei McDonalds durchdreht!

Also ich hab ja schon lange darauf gewartet, dass der OKbeat endlich mal durch ALEX umgelegt wird! Ich bekomme eine neue Sendezeit. Ab Ende des Monats nicht mehr Samstag 21 Uhr sondern neu Donnerstag 13 Uhr!

In einer Identitätskrise bin ich dann, wenn ich, so wie heute, bei einer Veranstaltung mit einem Rockradio-Ü-Wagen neben dem ALEX-Ü-Wagen stehe, wir offiziell den ALEX-Ton übernehmen, ich aber eine Moderation für Rockradio mache.

Also wenn ich Freitag- oder Samstag-Nacht von den Crazy-Words oder vom OKbeat durch Friedrichshain, Kreuzberg, Mitte oder Prenzlauer Berg nach hause fahre, habe ich immer wieder das Gefühl, von niederen Lebewesen umgeben zu sein, die ihre Reviere an jeder Ecke durch Urin markieren oder vor allem durch laute Rufe wie: Ehoh-ehoh-eh! Ho-he-ho! Eh-Futzi- isch ficke deine Alte! Eh - Kommste rüber? – Nee bleib ma lieba da!
Tja, wer von den alten Hörern nun auch noch vergeblich auf meinen typischen Jingle wartet, dem darf ich folgendes erzählen:
(flüstern) Leute, um diesen Sendeplatz hier zu ergattern habe ich mich freiwillig bereit erklärt, folgende Dinge zu tun, zu sagen, nicht mehr zu erwähnen oder zu unterlassen ... und zwar werde ich künftig in meinen Sendungen nicht mehr laut fluchen, nicht mehr ausspucken, nebenbei keinen Rhabarberkuchen mehr backen, nie mehr live am Telefon mit Angy Merkel flirten ... ...

Kein Elterngeld mehr für Hartzies! Darin sieht die Bundesregierung, den besten Ausweg, um zu sparen. Schließlich kaufen alle Hartzies vom Elterngeld doch nur Bier und Schnaps oder versaufen es im Pool auf Ibiza, oder die Hartzies verspekulieren ihr Elterngeld sinnlos an der Börse und treiben dann Griechenland in den finanziellen Ruin ... Und nur diese Hartzies sind dann schuld, dass es mit der Weltwirtschaft abwärts geht, also streichen wir denen das Elterngeld! Und außerdem, Hartzies sind doch wie die Haaasen! Sitzen den ganzen Tag lang faul im Grünen, hauen sich Gras in den Kopp, langweilen sich in der Furche und vermehren sich deshalb wie die Kaninchen!

Radio Erivan titelt: "Golfstrom heizt Europa bald mit fossilen Brennstoffen! Der Golfstrom stellt bald seine Heizung für Europa von Warmwasser aus dem Golf auf Rohöl aus dem Golf um!"

Öffentliches Bundeswehrgelöbnis vorgestern zwischen Kanzleramt, Paul-Löbe-Haus und Reichstag! Und was sagt ein soldatischer Gastkommentator im Interview auf Phönix? „Ein halbes Jahr Wehrdienst für Wehrpflichtige lohnt sich ja gar nicht, denn bei der ganzen heutigen modernen Technik lernen das die Soldaten ja doch nicht in der Zeit!" ... oder so ähnlich.
Und dann der Phönix-Kommentar dazu, der von mir sein könnte! „Da marschieren sie schon von links auf den großen, staubigen Platz der Republik ein. Dunkelblau die Uniformen der Rekruten, dunkelblau ihre Vorgesetzten. Stahlblau schimmert der Berliner Himmel auf den blitzenden Bajonetten der polierten Gewehre. Ja, das ist noch echter Krupp-Stahl! Stahlblau schimmerts auch in den Augen unserer allseits geliebten Kanzlerin Angela Merkel, deren buntes Kostüm in reizendem Gegensatz zur Eintönigkeit der Uniformen steht. Das Fliegerbattallion hat nun sein Ziel erreicht und richtet sich im Stillgestanden aus. Nun marschiert unsere, am Horn vor Afrika so siegreiche deutsche Marine auf den Platz. Lustig flattern die schwarzen Bänder der weißen Mützen der Marinerekruten in der lauen Berliner Luft. Erhaben weht die Flagge der Bundesrepublik Deutschland vor dem Reichstag, vor dem jetzt die Rekruten marschieren. Andächtig blicken die

geladenen Gäste auf das Ereignis vor ihren Augen. Ja, so viele Deutsche Soldaten sieht man nicht alle Tage öffentlich in der Bundeshauptstadt Berlin marschieren. Auch die Marinesoldaten haben nun endlich ihr Ziel erreicht und verharren schweigend im Stillgestanden. Als letzte Einheit marschiert unter den fröhlichen Klängen eines alten Landserliedes das Musikkorps auf den Platz. Ihre Feinde treffen sie mit ihren Gewehren im Kampf, die Töne auf ihren Instrumenten heute fast immer. Ja, da summt man gerne mit: Klotz, Klotz, Klotz am Been'n Klavier vor'm Bauch, wie lang ist die Chaussee? Links'ne Birke, rechts'ne Birke, in'ner Mitte'n Kümmeltürke, Klotz, Klotz ... Nun taucht auch endlich unser allseits geliebter Verteidigungsminister zu Gutenberg auf. Er trägt einen fein gewebten Armani-Anzug und ein stolzes Lächeln auf seine Soldaten im Gesicht, ... dieser Ungediente, glatte Fatzke."

Wir beenden diese Sendung heute hier mit einer seichten Melodei von Liebe und Miteinander, Freundschaft und Vergeben, Sonne, guter Laune und vorwärts treibendem Optimismus! Aus Berlin „The Dukes" mit „Fuck you"!

Die Cohiba qualmte allein in dem Aschenbecher vor sich hin. Auch er hatte seinen Sitzplatz an der Bar verlassen, wie sie mit einem Blick gelangweilt feststellte. In einer dunklen Ecke des Raumes saß ein älterer Mann mit weißem Jackett vor einem Glas billigsten, amerikanischen Whiskys, starrte sie von ferne an und fächelte sich mit seinem hellen Strohhut etwas Kühlung zu.
Elegant schob sie ihre schlanken Schenkel vom Deckel des schwarzen Flügels, auf dem sie sich eben noch lasziv geräkelt und „Blue Moon" dem Pianomann am Mikrophon ins Ohr gehaucht hatte. Dann zupfte sie ihr „kleines Rotes" zurecht und ging, raubkatzengleich, an den Rand der Tanzfläche, an dem auch er stand. Sie schüttelte leicht ihre brünette Mähne. Ihr halber Augenaufschlag sagte ihm, dass auch sie es jetzt wollte und so mischten sie sich unter die anderen. Bläulicher Zigarrennebel waberte zwischen den Tanzenden. Eis klimperte in hohen Gläsern mit Havanna Club. Ihre Leiber zuckten in lüsternen Bewegungen, schwül-heiße Haut rieb sich aneinander, feuchter Schweiß tropfte

von den Körpern. Und über allem wummerte der ungehemmte Rhythmus von Salsa!

Merke: Wer den Blues hat .... braucht keinen Schlager mehr!

Und während die Politiker im Sommerloch stecken, regt sich eine ganze Nation auf über die Ollsche von Lothar Matheus! Wie kann sie denn nur fremd gehen, also wirklich wie kann Liliana nur laufend fremd gehen? Wie kann sie nur? Mensch, die ist einfach zwanzig Jahre jünger, als der Matheus und bei dem lässt jetzt sicherlich auch so allmählich die Wirkung der jahrelang zur Leistungssteigerung geschluckten Anabolika nach. Und das wirkt sich bei'nem Mann meines Alters sicherlich nicht nur auf die Beinmuskeln aus! Bald wird sich Lothar Matheus nicht nur über das Fremdgehen von Liljana wundern!

Am Montag war ich zum ersten mal bei einer Schulung für Diabetiker – ich hab ja nun ooch Diabetes Mellitus – übersetzt „honigsüßer Harnausfluss". Und natürlich macht man da auch eine Vorstellungsrunde, damit man weiß, mit wem man es da so zu tun hat und wer sein Gegenüber ist. Und dann gibt's bei solchen Vorstellungsrunden immer diese Leute, ... ist Euch das auch schon aufgefallen? ... die dann sagen: Mein Name ist Erna Sauerkraut!
Ihr Name ist nur Erna Sauerkraut, sie selbst ist vermutlich eine ganz andere! Vielleicht sitzt ja vor uns Lili Ledig oder Tina Müller und man nennt sie nur, bedingt durch einen dummen Zufall der Natur, mal so hin und wieder auch Erna Sauerkraut. Ich zum Beispiel BIN Rolf Gänsrich und nenne mich nicht nur so! Manche nennen mich „Bärchen", manche nennen mich „komischer Kauz", aber ich bin Rolf Gänsrich! Vielleicht sind das ja Menschen mit Identitätskrisen, die eine gespaltene Persönlichkeit haben. Schizophrenie lässt sich aber behandeln.

Im Berliner Kurier stand am letzten Freitag auf der letzten Seite folgendes: „Wussten Sie, dass nur jeder Zweite seine Handy-Nr. auswendig kennt? Noch schlechter sieht's bei der Mobilfunknummer des Partners aus, die können nur 51 Prozent nennen?" Zitat Ende! Da fragt man sich doch, wieviel Prozent „jeder Zweite" beim Berliner Kurier ist? Sind das 2 %, oder 38,572 % oder vielleicht 99,5 %!

Liebe Berliner S-Bahn, wenn von vier Fahrten an vier verschiedenen Tagen mit Euch dreimal unregelmäßiger Zugverkehr wegen einer Weichenstörung ist und einmal ein Zug unbegründet ausfällt, dann ist die Berliner S-Bahn kein Nahver-kehrs- sondern ein Verkehrverhinderungsmittel. Frag mich, wie die in der freien Wirtschaft arbeiten würden.
Bin also gestern mal S-Bahn gefahren, Zug rappel voll, weil einer ausgefallen war und da steigt doch da so'ne Horde junger Menschen ein, die offenbar alle nicht zu einander gehörten und die telefonierten alle laut mit ihrem Headset in der vollen S-Bahn weiter. Also es interessiert mich nicht, ob die Kleine, Rote neben mir gestern den unglaublichsten Orgasmus ihres Lebens hatte, dass ihn gestern seine Mutter beim Sex erwischt hat und dass Detlef im Schlaf sabbert! Und dann da auch so ein frisch verliebtes Pärchen direkt neben mir in der S-Bahn, sie quaggelte in einer Tour unentwegt. Er lobte immer mal mit „Ja gut ... ist ja toll .... und sehr schön!", himmelte sie dabei an, dass vermutlich selbst unsere Oberzicke Jeanette Biedermann bei seinem Blick geschmolzen wäre und wollte ihr dann offenbar ein ganz, ganz wundervolles, einmaliges, herzerweichendes super Kompliment machen und haute ihr gegenüber in einer ihrer wenigen Sprechpausen heraus: „Das hast du aber gut gemacht! So intelligent siehst du gar nicht aus!" Wenn ich in dieser vollen S-Bahn Platz gehabt hätte, hätte ich mich vor Lachen durch den Wagen kugeln können: „Das hast du gut gemacht, so intelligent siehst du gar nicht aus!" Na das ging ja wohl nach hinten los." Merke: das Schöne an übervoller S-Bahnen sind diese einmaligen Erlebnisse!

Endlich! Die Rente kommt ... mit 67! Und da hieß es früher immer, die DDR-Staats- und Parteiführung sei vergreist! Bald sind wir das alle! Nun stellen sie sich mal einen Berliner Polizisten mit 67 vor, wie der noch den frisch ertappten Bankräuber oder Terroristen zu Fuß verfolgt, mit seinem Rolli vorne weg. Oder denken wir an den

Pauker, der all sein Wissen an 12 – 13 jährige weitergibt! Ich stelle mir auch den fröhlich pfeifenden BSR-Mann vor, der mit 67 noch mit aller Kraft elegant Mülltonnen über Hinterhöfe schiebt, oder den gut gelaunten Klempner, der im frisch zu sanierenden Haus die sechs Stockwerke bis in die oberste Etage mit seiner Rohrzange und dem neuen Heizungskörper unter dem Arm im Dauerlauf nimmt! Ich sehe schon ganz deutlich die heißen Bräute mit 67 Sommern auf dem Buckel in ihrem vierten Frühling, die in den Boutiquen der Stadt den jugendlichen Touristen aus Peking oder London die neueste Berliner Mode verklickern. Man, was haben wir doch bis 67 noch für tolle Jobchancen auf dem Berliner Arbeitsmarkt, wenn man hier eigentlich schon mit dreißig zu alt für die Kasse am Supermarkt ist! Ursula von der Leyen, Ursel, ich möchte dich heiraten, noch zehn Kinder von dir und dann unsere Kinder alleine versorgen! Und die gute Ursel möchte ich dann mit 67 bei Siemens an die Werkbank stellen!

Die Jobcenter versuchen derzeit, ohne Rücksicht auf Verluste, die Leute, egal wie, auch mit ungeeigneten Stellenangeboten in Arbeit zu bringen. Vorsicht! Das kann nach hinten los gehen! Wenn man die ehrenamtlich Aktiven in Arbeit bringt, wer macht dann deren ehrenamtliche Arbeit? Auch ich darf mich derzeit auf einige für mich völlig ungeeignete Stellen bewerben! So unter anderem auch bei einem Herrn Ursula Meier! Bloß gut, dass ich als Frau das auch nicht so mit den Vornamen habe und bei mir überhaupt nicht der Eindruck entsteht, diese Jobangebote gingen auf "Deibel komm raus" an die Arbeitslosen.

Alles ist ja heute öko, bio, nachhaltig. Überall wird Werbung dafür gemacht. Am S-Bf. Schönhauser Allee gibt's eine Frittenbude, die verhökert Bio-Pommes von glücklichen Hühnern eigenhändig gelegt, mit Bio-Currywurst von happy Kühen, gebrutzelt in extra kaltgepresstem Olivenöl, das nur durch puren Ziegendung gekeltert wurde, mein Supermarkt an der Ecke verwendet grüne Energien aus grünem Atomstrom ... ja, die spalten dort nur Kirschkerne ..., das Kanzleramt spült mit Regenwasser und Wirtschaftsminister Brüderle gurgelt nur noch mit echtem Bio-Whisky, ... will sagen, wenn die, dann darf ich auch mal, damit angeben! Ich bekomme schon seit Juni sogenannten grünen Strom!

Ich begreife nicht, wie in letzter Zeit so häufig Leute von Straßenbahnen überfahren werden können? Selbst an einer für mich grünen Ampel kiek ick doch noch zweimal, bevor ich Straßenbahngleise überquere! Sind die Bahnen der BVG etwa so leise geworden, dass man die Züge nicht mehr wahr nimmt? Nimmt man die BVG in Berlin überhaupt noch wahr? Oder denken die Leute einfach nicht nach, so frei nach dem Motto: "Was ist das denn da im Boden? Sind das etwa Schienen? Hat man ja auch nicht überall! Und das große, gelbe, was da direkt auf mich zukommt? ... Ach, wird schon von selbst ausweichen!"

Habt ihr das auch gehört? Vorgestern wurde der S-Bahn-Verkehr zwischen Friedrichshagen und Erkner eingestellt, weil es zu Kurzschlüssen bei der S-Bahn kam, verursacht durch Schnee, der sich zwischen Stromschiene und Boden abgesetzt hatte. Das System S-Bahn mit der Stromschiene gibt es seit 1920 und auf einmal stellt dabei Schnee ein Hindernis dar! Ich hab mich zu hause gekringelt vor Lachen! Unbestätigten Gerüchten zufolge wurden deshalb vorgestern Schneeschuhe, Skier und Pfadfinder an S-Bahn-Reisende in Friedrichshagen ausgeliehen! Weiteren Gerüchten zufolge soll nun auch noch das interne Kommunikationsnetz der Berliner S-Bahn, witterungsbedingt, ausgefallen sein! Ab Ringbahn wird getrommelt!

Was Angy weiß und Wowie nicht,
das ist, der Köhler hat wohl Gicht.
Und darf sich nicht so viel bewegen,
um's Wahlvolk nicht auf zu regen.
Wo Angy's Zipperleinchen plagt,
weiß Wowie schon, was er da sagt!
Mit Deutschland geht es wohl hernieder,
Berlin, ick lieb dir immer wieder!

Neulich sprach mich in'ner Kneipe ein Typ an, nachdem ich erzählte, dass ich hier Radio mache. „Ey", sagte er, „Spiel mal Faction, faction!" Ich: „Was bitte?" Er: „Ey, spiel mal Stones, spiel mal Stones, ey, Satisfaktion musste spielen, ist geil ey, Satisfaktion!" Darauf ich: „Also das machste dir alleine!"

Knast-Ausbruch-Spruch der Woche:
Warte jetzt hier keine Weile
Denn ich bin schon lange hier,
Kumpel gib nochmal die Feile,
draußen gibt es Schnaps und Bier!

Ist mir ja fast ein bisschen peinlich, was ich euch jetzt erzähle.
Am Mittwoch rief mich die große Senderkette RTL an: „Ja, Herr Gänsrich, wir wissen ja, dass sie nicht unbedingt ein guter Freund von uns sind, aber wir wollten ihnen mal mitteilen, dass ihre Veranstaltungshinweise immer sehr nett sind. Schicken sie die uns bitte weiter, und ihre Crazy Words morgen sind bei uns im Programm der Tagestipp." Tja, viel Feind, viel Ehr'!

Ich sag es bis heute immer wieder: Im Grunde genommen hab ich nichts gegen den Deutschen Schlager, ich finde es nur bedenklich, was man heute daraus gemacht hat!

***

aus 2011

Taut es schon im Januar
Wird das Hühnchen auch nicht gar!

Meine Gast im Studio ist Kiezchronist im Wedding! Eigentlich hatten wir ja verabredet, dass er erst den Warnruf des Grünen Südosttaiwanesischen Zwerg-Keim-Drüsen-Thriller-Säbelschwanz-Pfeiff-Gelbbauch-Schwarm-Flatter-Schrei-Hauben-Tschilplings macht, damit wir uns hier vor der Tür von Alex finden, aber sein Ruf des Berliner Waldkäuzchens hat mir schon gereicht!

Der Lacher der Woche: Meuterei auf der B...B...B... Gorch Fogg! Mensch, was sind das denn da für Pfeifen, diese Marine-Offiziers-Anwärter! „Der Ausbilder – schnief - hat uns gerade – schnief - angeschrien! – hu-hu!" Wollen auf'nem Segelschiff nicht in die Masten aufentern, diese Marine-Offiziers-Anwärter. Vielleicht werden die auch noch Seekrank, wenn das Schiff mal schwankt! Na bei dem Verteidigungsminister, ist das doch kein Wunder.

Warum mucken denn nun ausgerechnet Bayern, Hessen und Baden-Württemberg wegen des Länderfinanzausgleichs auf! Gerade Bayern, wo man vor fuffzig Jahren noch von Alm zu Alm getrommelt hat, um sich von Tal zu Tal zu verständigen! Ich hätte da mal einen Vorschlag: Berlin vereinigt sich nicht mit dem armen Brandenburg, sondern lieber mit dem reichen Bayern zu einem Bundesland! Dafür bekommt Bayern dann endlich eine rot-rot-grüne Landes-Regierung, die CSU darf in Berlin gewählt werden, der Oberbürgermeister von Hintertupfing wird gleichzeitig Berlins neuer Regierender, das deutsche Weltraumkontrollzentrum in Oberpfaffenhofen zieht um nach Berlin-Adlershof und München bekommt endlich die vernünftige, weil weltweit einzig funktionierende und auf diesen Winter ausgesprochen gut vorbereitete, Berliner-S-Bahn! Dann sind alle glücklich und froh, weil, das Weißbier wird in Berlin billiger, die Berliner Weiße wird dafür in den bayerischen Biergärten mit ausgeschenkt, die Berliner Stadt-Bären vom Zwinger am Märkischen Museum werden im Bayerischen Wald ausgesetzt, die Winterolympiade wird den aufbegehrenden bayerischen Bauern abgenommen und findet am am Prenzlauer Berg statt und Berlin jodelt sich eins!

Für eine frisch frisierte Arbeitslosenstatistik mache ich doch fast alles, ich war schließlich mal mit'ner Friseuse zusammen!

Ich habe für diese Sendung heute nicht alles geklaut! Vieles ist von mir auch einfach nur gestohlen worden!

Mich würde wirklich einmal interessieren, was in diesem Lande passiert, wenn alle Ehrenamtlichen einmal alle gemeinsam eine ganze Woche lang nicht ehrenamtlich tätig sind!

Wir sind hier heute wieder Radioaktiv! ... Na, lassen sie das mal nicht die Mitarbeiter beim Hahn-Meitner-Forschungsreaktor in Zehlendorf hören! ... Die werden sonst noch neidisch! Ja, bei uns fällt noch kein radioaktiver Regen, bei uns fällt nur saurer Regen und der ist nicht so schlimm, denn sauer macht bekanntlich lustig!

Essen sie zu Ostern doch mal'nen schön weich gekochten Geflügel-Fötus!

Wer immer nur rum eiert, muss nicht unbedingt der Osterhase sein!

Also mir ist von dieser mehr als dekadenten, aber so wundervoll herzerweichenden, rührseligen, bezaubernden Prinzenhochzeit in London vor allem dieser Hut in Erinnerung geblieben, dieses große, alles überragende Geweih, dieser Elch-Schmuck, dieses unglaubliche Etwas! Kann es sein, dass man dieses storchen-beinige, graue Mäuschen in ihrem schweinchenrosa Kostüm vielleicht mal gehörnt hat oder hat sie keine anderen Qualitäten, außer diesem ... ähm ... Hut-Geweih? Also ich würde ja so ein schnuckeliges Millionärstöchterchen wirklich vom Fleck weg heiraten! ... aber nur ohne solchen Hut!

Frage von meinem Kumpel Detlef am Walpurgisabend an mich. Er ist Berliner Polizist! "Du, Rolf', fragte er "wie zerstreue ich denn am 1.Mai eine Krawall-Demonstration?" "Na," sagte ich, "setz doch einfach deine Dienstmütze ab und geh damit sammeln... "

Der OKbeat ist offizieller Medienpartner des Weltspieletages übermorgen! Damit beweisen wir erneut: ick beiße nicht! Ick will nur spielen!

Wirft Merkel bei Rösler auch Stöckchen?
Wenn mein Goldfisch und icke morgen in die FDP eintreten, können wir dann Brüderle absetzen? Merke: Lieber FDH als FDP!

Also wenn ick schon nur an die Kastanienallee denke, krieg ick Zahnschmerzen … ja, da sitzt mein Zahnarzt und ick muss da morgen früh hin.

Zufälle gibt's … ich sag euch, Zufälle … Dass Frühstücksmargarine in nur etwa fünf Wochen von 59 Cent auf 75 Cent teurer geworden ist und das in allen Supermarktketten fast gleichzeitig, ist bestimmt reiner Zufall! Da denkt NIEMAND an Preisabsprachen! … Alles nur Zufall!

Wir brauchen Deutsche Panzer in Saudi Arabien ganz, ganz dringend für den Umweltschutz! Ja, ein paar tote Menschen sind doch schließlich ein paar weniger Mitesser, also auch weniger, die CO_2 in die Luft blasen!

Laut Untersuchung-Ergebnis bei meinem Kardiologen gestern, hab ich angeblich noch immer ein Herz! Nur für wen es schlägt, das weiß ich derzeit leider nicht!

Wissenschaftler der Universität aus Schilda haben ermittelt, weshalb man in den Häfen der Antike noch kein Radar eingesetzt hat! Na ganz einfach weil es nutzlos war, da auch die Kriegsschiffe damals noch komplett aus Holz gebaut waren, das nicht vom Radar erfasst werden konnte! Stealth-Technology!

Also mein Dermatologe sagte am Montag zu mir, ich sei wie der deutsche Wald, denn ich hätt' überall Pilze!

Cola wird nun unter anderem auch Rossman und Schlecker geliefert, weil Cola-Produzenten unter die Hersteller von Haushaltsreinigern gegangen sind! Ein Glas Cola in den Trapps vom Klo gegossen, über Nacht einwirken lassen und schon ist die Verstopfung wieder gelöst! Ihre Silberlöffel, bevor sie die abgeben, über Nacht in einem Glas Cola liegen lassen und ihre Silberlöffel erstrahlen am nächsten Morgen in feinstem goldigen Glanz! Oder, sie haben noch immer zu viele Zähne im Maul und wollen endlich einmal Kukident-Haftcreme im Dauergebrauch testen, da hilft die tägliche Mundspülung, morgens, mittags abends je mindestens zehn Minuten lang, mit Cola! Und wenn sie Kalkflecken im Bad beseitigen wollen, Cola eignet sich auch dafür! Na, da sehen sie mal, was sie bisher ihrem Magen mit dem Genuss von Cola angetan haben! Ajax, Meister Propper oder Biff-Wannenspray trinken sie ja auch nicht!

Der Spaß-Shuttle fliegt nicht mehr! Also man gönnt den Amis aber auch gar keine Freude!

Vorgestern konnte man es in wissenschaftlichen Abhandlungen von US-Forschern nachlesen: Ab 50 beginnt das menschliche Gehirn altersbedingt zu schrumpfen! Ich gehöre jetzt also zu den Schrumpfhirnen!

Kurz vor deren bevorstehenden Massenentlassungen, ist es nicht verwunderlich, dass viele Mitarbeiter von E.ON keine Energie mehr haben!

Ihr wisst sicherlich, wie ich „Toleranz" definiere: „Toleranz ist, wenn man einsieht, dass es Dinge gibt, die man entweder ohnehin nicht ändern kann oder über die es nicht lohnt, sich aufzuregen!"

Da S-Bahn-Kaputt-Sanierer Hartmuth Mehdorn nun neuer Chef von Air Berlin ist, warnt das Luftfahrtbundesamt vor herabstürzenden Passagieren und Flugzeugteilen in der Umgebung von Flugrouten!

Die Plakat-Wahlwerbung treibt immer schönere Blüten! Hab jetzt ein Riesenschild von den Bündnis-Grünen gesehen, mit 'ner übermenschlich groß abgebildeten Renate Künast und dem Spruch darunter: "Renate arbeitet"! Es ist doch immer wieder schön, wenn uns unsere Spitzenpolitiker, übermenschlich groß, als positives Vorbild dienen dürfen!

Inquisitions-/Hexen-Erkennungsspruch zum Papstbesuch in Berlin:
Ist deine Frau dir nicht geheuer,
dann wirf sie nicht gleich in ein Feuer!

Die Durststrecke ist vorbei! Endlich macht die ARD am Sonntag wieder niveauvolles Fernsehen am Sonntagvormittag! Ja, Stephan Mros wird bis zum nächsten Sommer eingemottet! Frage an Ursula von der Leyen: Jodelt Stephan Mros nun Ihnen einen oder bekommt der auch Hartz-IV?

Ich komme heute direkt vom Pankower Jobcenter! Dass da die Fluchtwege extra ausgezeichnet sind, ist überflüssig, da eigentlich jeder froh ist, dort immer schnellst möglich heraus zu kommen!

Haushaltstipp und Faustregel zum Thema Mindesthaltbarkeit: Das Steak ist noch so lange garantiert frisch, wie es in der Lage ist, selbständig wegzulaufen!

Endlich, endlich habe ich begriffen, was Michelle Hunziker bei Wetten dass … macht! Sie sieht einfach fabelhaft aus!
Hiermit bewerbe ich mich nun offiziell als Thomas Gottschalks Nachfolger bei Wetten dass … beim ZDF! Ick will doch ooch mal neben Michelle Hunziker moderieren! Und außerdem, bin ich in meinem Leben immer wieder mal gescheitert, aber ich wollte schon immer mal "einfach grandios" scheitern!

Der Bauer findet es sehr gut.
Wenn sein Gänsrich wachsen tut
Der Bauer ist mal richtig schlau,
nimmt er sich als Weib 'ne Frau!

In der Nähe von Leipzig wird bei der Jagt auf Treiber geschossen, wie auf Hasen! "Wat hast'n da jeschossen?" "Weeß ick nich … hatte zwei Beene, kauerte im Jras und wimmerte, kurz bevor ich abdrückte: >Deine Schwiegermutter steht aber da drüben!<"
Sowas nennt sich dann, wenn man es serviert, "Falscher Hase!"

Hintergrund: durch zu viel chemische Keulen belastetes Gemüse, insbesondere Gurken, an dem Leute starben:

Kommen wir als erstes zu unserer Rubrik „Gesundheit" - heute zum Thema: der ökologisch unbedenkliche Mord: Man nehme eine Gurke ... Ja! Die große Zeit der Erbschleicher ist endlich gekommen! „Oma – willste noch 'n schönes Gürkchen?" Wenn die unzufriedene Hausfrau früher ihren geliebten Götter-Gatten heimlich umbringen wollte, sammelte sie im Wald Pilze! Heute gibt's dagegen Rohkost! So ändern sich die Zeiten! Ist man früher mit 'ner Wumme zur Sparkasse gegangen, geht man heute mit 'ner Gurke und drei Tomaten! Und jetzt kommen sie ganz groß raus! Die Öko-Terroristen der Taliban! Sie verschenken vor'm Kanzleramt Kopfsalat! Unbestätigten Gerüchten zu Folge verteilen derzeit die Jobcenter, um nun noch mehr beim Arbeitslosengeld II zu sparen, großzügig 1-€-Jobs als Gurkentester in Supermärkten! So kann man die Arbeitslosenzahlen allerdings auch senken!

In einer Zeitung war gestern zu lesen: „Berlin ahoi! Sieben Prozent des Berliner Stadtgebietes sind Wasserflächen!" Und da empfiehlt es sich doch geradezu, sich auch mal 'n Paddelboot aus zu leihen, so diese „Zeitung"! Sieben Prozent sind besser, als sieben Promille, weil man die bekanntlich ja nicht überlebt! Und anstatt mit 'nem Paddelboot immer im Kreis um die Fontäne im Weißensee zu schippern, um sich wie ein Großadmiral zu fühlen und Schiffchen versenken spielen, kann man auch mit 'nem Gummiboot durch die Berliner Kloaken gurken, da hat man neben der Nase auch gleich noch was fürs Auge, bei der Menge an Ratten, die es da gibt! Man kann aber auch mit 'nem Tretboot auf den Schultern über die einstigen Berliner Rieselfelder im Norden der Stadt wandern oder mit 'nem gelben Unterseeboot über den Spandauer Schifffahrtskanal zum Kanzleramt staken! Man kann sich auch abends auf seinen Balkon setzen, 'ne Buddel Rum einpfeifen und lauthals schweinische Lieder grölen, bis die Polizei kommt! Kann man alles machen! Man kann es aber auch bleiben lassen!

Wer gerne etwas tuten tut, dem tut das Tuten tuten gut!

Hier die angeblich letzten Worten Walter Ulbrichts:
"Erich, Erich, du stehst auf meinem Sauerstoff-Schlauch!"

Nachdem Thomas Gottschalk am Samstag zum letzten mal „Wetten dass ..." moderierte, war ich heute bei Frau Gottschalk! Sie ist eine ganz hervorragende Augenärztin am Helmholtzplatz, bei der ich schon seit Jahren bin. Also Frau Doktor hat mir heute tief in die Augen geschaut und wieder einmal festgestellt: Schlecht kieken kann ich jut!
Diese Besuche haben aber immer den Nachteil, dass ich mich, wegen der dort verabreichten Augentropfen, dann immer blind durch meine noch zu schreibenden Hörfunkmanuskripte taste.

Elvis Presley singt jetzt das Liebeslied einer Dampflokomotive ... Love me Tender.

Von Phil Collins gibt's jetzt eine wunderschöne Coverversion eines alten Tamla-Motown-Stückes der Supremes, das übersetzt etwa heißt: "Du kannst nicht hurtig Liebe machen", im Original natürlich ist es "You can't hurry love" ... nein, nein, das sollte man auch nicht.

***

... aus 2012

Stadtteilsprüche:
Lieber Petting
im Wedding,
als ohne Geld
in Spindlersfeld!
Lieber heißen Tee
in Heiligensee
als 'ne alte Brotscheibe
in Oberschöneweide.

Die schlimmst Art einen Menschen zu vermissen, ist neben ihm zu sitzen und zu wissen, dass er niemals dir gehören wird.

Mein Kommentar zum Wetter: K-k-k-kalt-t-t!

Zutaten-Hinweis auf einer Packung angeblich edelsten Nougats: "Vorsicht! Kann Spuren von Erdnüssen enthalten!"

GEMA – Gesellschaft zur mafiösen Abzocke.

Mensch, wir haben seit dieser Woche, Frühling! Die Bäume schlagen aus ... und das Jobcenter Pankow zurück! Hatte am Montag mein übliches Gespräch. Warum haben sie noch keine Arbeit? Woran, könnte das ihrer Meinung nach liegen? Wo haben sie sich überall beworben. Warum sehen sie so scheiße aus? Zum Glück hatte ich als ideologische Unterstützung hier unseren Micha von der Lobby des Bedingungslosen Grundeinkommens mit dabei. Und dann betonte der Jobcenter-Mitarbeiter mir gegenüber die ganze Stunde lang immer wieder, dass er mir doch nur helfen wolle, in meinen Minijobs mehr zu verdienen. Der trieb das mit seinem, aber Herr Gänsrich, ich will ihnen doch nur helfen so weit, bis ich ihn fragte, wenn er mir unbedingt helfen wolle, warum er denn dann nicht mal mit seiner ganzen Familie zu meinen Stadtführungen mitkomme! Da war er dann sprachlos. Und schließlich sagte er mir, er müsse mich bei den Minijobs und meinen Bewerbungsaktivitäten noch mehr motivieren. Darauf hin fragte ich ihn: "Was denn, wollen sie mich jetzt etwa zwecks Gehirnwäsche in ein Umerziehungslager an die Wallstreet zum Aktienpoker schicken, damit ich wieder Kapitalismus gläubig werde?" Daraufhin wurde er dann auch wieder ruhig und kämpfte weiter mit seiner Software! Und so darf ich euch heute verkünden, liebe Hörer ... juhu! .... ab 2. April falle ich endlich wieder raus aus der Arbeitslosenstatistik! Ich darf an einem zwölf-wöchigen Bewerbungs-Coaching teilnehmen. Tschacka!

Ick bin seit Montag im Jobcoaching, dank Jobcenter! Damit stand der OKbeat leider total auf der Kippe! Aber die Firma, bei denen ich das mache, bieten Gleitzeit! .... nun gleite ich mit dem OKbeat!

Als ich am Dienstag ein kleines Briefchen in meiner Post-Filiale persönlich abliefern wollte, ich hatte zu hause einfach keine Briefmarken mehr, wurde ich doch von der Schalterangestellten glatt noch in ein nettes Gespräch verwickelt. "Kennen sie denn schon unser neues, kostenloses Girokonto? Darf ich ihnen das gleich mal erklären? Sie können auch Wertpapiere bei uns kaufen … und verkaufen! Warum hängen sie eigentlich so an ihrem alten Sparkassenkonto? Wir sind doch hier auch sehr nett!" Und ich hatte mich kurz vorher noch darüber gewundert, dass man bei der Post noch immer so lange am Schalter anstehen muss, nur weil man ein Briefchen verschicken will. Klar, wenn die jeden Kunden gleich noch in ein Gespräch über die Finanzmärkte der Welt im allgemeinen und über die Postbank im besonderen verwickeln, steht man halt mit seinem 55-Cent-Brief zwanzig Minuten! Ist doch auch kein Wunder! Mein 55-Cent-Briefchen bringt der Post ja auch nicht so viel Umsatz, wie ein neues Hedge-Fonds-Konto oder wie ein Aktienpoker bei der Deutschen Bank, zu der ja die Postbank mittlerweile leider gehört! Schade, dass man die Postbank damals an die Deutsche Bank und nicht einen Spirituosen-Hersteller verkauft hat. Die Gespräche beim Päckchen abholen wären gleich viel lustiger! "Kennen sie denn schon unser neues Proseccochen? Darf ich ihnen davon mal ein Gläschen anbieten? Oder hier, vielleicht ein Gläschen Apfelkorn, gerade frisch gebrannt? Oder wie wäre es mit einem Probefläschen Klötenköhm? Der Ochse, von dem die Klöten sind, jammert jetzt noch!" Noch besser hätte es mir aber gefallen, die Postbank wäre von einem Hersteller für alle möglichen Hanfprodukte übernommen worden. Gleich wirkt alles viel entspannter und man wartet richtig gerne in der Schlange! "ZISCH – juttet Kraut – ZISCH – echt jutet Kraut! - ZISCH – packen 'se mal 'n knappet viertel Pfund von in so'n Umschlag ein! - ZISCH!"

Meine Bank-Nachbarin aus meiner Jobcentermaßnahme, Tina, meinte heute früh, auf meinen fragenden Blick hin, der auf die Krümel um ihren Arbeitsplatz herum deutete, Zitat: "Na, ich hab heute morgen 'n Knacks gehabt und da hab ich mir 'n Keks gekauft." Schön, wenn man als junge Frau noch so anspruchslos ist. Viele andere Frauen würden dann 'ne Schiffsreise machen, sich an einen verheirateten Mann mit 'nem kleinen Maybach anhängen oder sich vielleicht 'n ganz eigenen Mann, der unkündbarer Beamter ist, an Land ziehen. Also so hat man das früher mal gemacht. Tina braucht nur 'n Keks!

Waffeln schmecken schon am Morgen,
Kekse kann man gern verborgen,
Nudeln sind wohl was zum mantschen,
mit Torte kann man prima panschen
und das Nougat, ei der Daus,
schmeckt auch mancher Zuckermaus.

Ich hab das letzte Woche am Orankesee gesehen und vor einigen Tagen auch am Weißensee. Die Renaturierung dieser, durch die in diesen Seen befindlichen öffentlichen Badeanstalten schon sehr belasteten Gewässer bedeutet nun nicht, dass man da nun überall wild FKK baden soll. Ich find es sehr schade, dass diese gerade so eben renaturierten Uferbereiche dieser Seen von ganzen Heerscharen von Wildbadenden geschädigt werden. Nur weil man sich die vier Euro, ermäßigt zwei-fuffzich, an Eintrittspreisen sparen will, wird die gesamte, sich gerade erst entwickelnde, aufkeimende Botanik im Uferbereich von irgendwelchen wild badenden Hirnis zerlatscht! Muss man die Uferbereiche erst durch Stacheldraht vor der Erholung suchenden Menschheit sperren? Kann man für Wildbader kein Ordnungsgeld verhängen und das durch das Ordnungsamt eintreiben?

Hab am letzten Donnerstag, nach dem OKbeat, im Abschlussgespräch meiner JC-Maßnahme so eine Steilvorlage bekommen, dass ich mich innerlich hätte tot lachen können. So laber, laber, Rhabarber, "Wie zufrieden waren sie denn mit der Maßnahme? Was können wir hier noch daran verbessern? Wo hätten sie noch gern mehr Hilfe gehabt? Bei der Stellensuche? Wie sehen ihre Zukunftspläne aus? Was werden Sie denn nun tun, um aus dem ALG-II-Bezug heraus zu kommen?" "Ich trete aktiv für die Einführung des Bedingungslosen Grundeinkommens ein und werde mich darum noch intensiver kümmern!"

Wer dringend einen Notarztwagen der Berliner Feuerwehr unter 112 benötigt, wird sich künftig diesen Anruf dreimal überlegen, denn diese Notarztfahrten werden ab Juli nicht mehr automatisch von den Krankenkassen bezahlt! Nein, der Kranke bekommt nach dem Rettungseinsatz die Rechnung der Feuerwehr, muss die dann zuerst bezahlen, bevor er sich erst nachträglich das Geld von seiner Krankenversicherung zurück holen kann!

Tatü-tata – tatü-tata
Der Notarztwagen ist nicht da!
Denn du bist nicht liquid,
hat kein Arzt dich lieb!
Tatü-tata – tatü-ta-peng
mit der Gesundheit wird es eng.
Du musst zuerst den Notarzt zahlen,
bevor du fort kommst von den Qualen.
Tatü-tata – tatu-ta-ist
das ist schon ziemlich großer Mist
Zuerst da zahlst den Notarzt du,
dann hat die Krankenkasse zu.
Bevor du endlich kannst genesen,
fängst du schon leicht an zu verwesen.
Tatu-tata tatü-ta-bumm
ich nehm's den Krankenkassen krumm
dass sie nicht fort führ'n Vertrag,
der beiden in den Händen lag!
Tatü-tata – tatü-ta-tutt
an dem System ist was kaputt
tatü-tata tatü-ta-ehr
ich mag das alles gar nicht mehr!
Am 27.6.2012

In dieser Woche überraschten uns nicht nur die Kernphysiker mit den sogenannten Gottesteilchen, Mensch, wo ick mich überall aufhalte, nein, viel wichtiger in dieser Woche war die Meldung, dass man entdeckt habe, dass in Cola und in Schokolade auch geringe Mengen an Alkohol sind! Schlechte Zeiten für Alkoholiker, gute Zeiten für Süßwarenhersteller! Also ich seh das

Szenario schon ganz deutlich vor mir, wie in der Kreuzberger Eckkneipe der Gast grölt: „Chef, ick nehm noch 'ne Cola und 'ne Schoki!" Und der Wirt ruft: „Aus! Der Zapfhahn ist zu! Ick kann dir höchstens noch 'ne Milchschnitte jeben!"

Oder die Beamten in Zivil, die den leicht angesäuselten Autofahrer davon abhalten müssen, sich am Automaten 'n Schokoriegel zu ziehen.

Witzig ist dann auch die Großveranstaltung – vielleicht 'n Fußballspiel von Hertha im Jahnsportpark, nachdem sie nochmal abgestiegen sind: „Nein, nein, ihre eigene Schokolade müssen sie hier am Eingang aber abgeben!" Ist, wenn in Schokolade Alkohol ist, der Chocolatier automatisch ein Schwarzbrenner? Muss man auf Cola künftig Branntweinsteuer abführen! Rosige Aussichten für den nächsten Grillabend! Man braucht Cola künftig nicht mehr mit Whisky zu strecken! Und von Ömchen gibt's für die Einkäufe hinterher keinen Eierlikör oder Wermut mehr, sondern 'ne ganze Nougatpraline!

Dass die Kassiererinnen bei Netto nicht mehr Bitte und Danke sagen, daran hab ich mich allmählich gewöhnt. Die Angestellten dort werden so schlecht bezahlt, dass die über jeden Kunden erfreut sind, der nicht mehr zu ihnen kommt. Wirklich sprachlos war ich, als ich neulich bei Norma am S-Bf. Landsberger Allee an der Kasse stand. Okey, die Kassiererin war schnuckelig, sie war freundlich, sie sagte Bitte und Danke und sie hatte dabei einen irgendwie süßen, schnodderigen, echten Urberliner Slang auf den Lippen. Also auf ihre Art ganz süß und nett! Während des Kassierens aber griff sie nebenbei immer wieder in eine Chipstüte, die neben ihrer Kasse lag, schleckte sich, nachdem sie mir den Preis genannt und sich danach einige weitere Chips in ihren Mund befördert hatte, ganz genüsslich die Hände und gab mir dann mit diesen Händen mein Wechselgeld heraus! Besser kann man überhaupt nicht werben, als mit solcher Szenerie. Eine Kassiererin, die sich bei Norma öffentlich so genüsslich ihre Finger abschleckt, muss von den Waren ihres Arbeitgebers bis aufs Innerste überzeugt sein. ... Weshalb hat man mich damals bei Kaiser's überhaupt entlassen? ... ach, das war ja Betriebsbedingt ... Man kann ja nur froh sein, dass diese zauberhafte Fee nur an einer Kasse sitzt. Ich stelle sie mir jetzt gerade als Törtchen beim Havelbäcker vor, wie sie sich vor dem Schrippen eintüten mit bloßer Hand vorher noch ein halbes Stück Sahnecremetorte in ihr süßes Schnuckelmäulchen stopft. Oder ich sehe sie laut schmatzend im Restaurant an der Ecke die Kundenbestellung aufnehmen! „Hallo Frollein, ick weeß zwar noch nicht so janz jenau, wat ick nehme, aber wat sie da jerade futtern, scheint ja nicht schlecht zu sein. Det nehm ick ooch!" In meinen Augen scheinen viele soziale Kompetenzen in letzter Zeit immer weiter auf der Strecke zu bleiben. Aber über die „unflätige Jugend von heute" regten sich ja schon die alten griechischen Philosophen auf.

Machen sie doch mal 'n kleinen Ausflug, fahren so ca. 10 km durch den herrlichen Wald am Müggelsee und landen sie dann in Gosen-Neu Zittau. Drastischer kann man verfehlte Kommunalpolitik nicht veranschaulichen, als in dem alles erschlagenden Gewerbegebiet von Gosen-Neu Zittau! Gosen bestand mal aus nicht viel mehr als drei Häusern und einer staubigen Landstraße! Heute ist das Gewerbegebiet von Gosen mindestens zweimal größer, als das Gewerbegebiet im Prenzlauer Berg entlang der Storkower Straße! Ist das hässlich!

Die bunte Presse wusste letzte Woche zu berichten: Jenny Elvers-Elbertzhagen habe Probleme mit Alkohol! Wieso Probleme MIT Alkohol? Die verträgt doch alles! Aber jetzt habe ich ein Problem! Wer war doch gleich die Hupfdohle Jenny Elvers-Elbertshagen?

Warum es gestern in München und in Berlin auf der Straße des 17. Juni so heiß war? Na gestern war doch der deutsche Einheitz-Tag! Darum war es doch auch immer in den Betrieben der DDR so warm, wegen der Einheitz-Partei!

Nicht immer ist die deutsche Sprache so ganz einfach und manchmal weiß auch ich als Zeitungsschreiberling nicht so ganz genau, wie man denn nun sagt oder schreibt. Letztens stolperte ich mal wieder über so eine Ausnahme der Ausnahme. Zum Beispiel, wir haben heute ein Datum und morgen ein Datum und übermorgen ein weiteres Datum. Wie ist lautet die Mehrzahl des Wortes Datum? Früher lateinisierte man und sagte Data. Und heute in Zeiten der Datenverarbeitung? Heißt es heute Datumme? … oder Datummse … oder Datümer? Elegant wäre die Verwendung des Wortes "Datumsangaben". Die richtige Mehrzahl für Datum ist Daten! Wir haben hier also mehrere Daten. So ähnlich ist es beim Kran! Denn da heißen mehrere nicht etwa Kranse, Kränse oder Kranichse, sondern Krane oder Kräne. Auch die Vergangenheitsform des Wörtchens backen ist zumindest ein Schmunzeln wert. Das wird nämlich unregelmäßig dekliniert. Es heißt da nicht etwa ich backte, du backtest, sondern ich buk, … Be-U-Ka … du bukst, er-sie-es buk, wir buken, ihr bukt, sie buken! Ja, ja, deutsch ist manchmal ganz schön schwer. Kein Wunder, dass wir immer mehr Anglizismen in unsere Sprache beamen!

Der Fleischfachverkäufer gibt den guten Rat: Ein abgezogenes Kaninchen und eine abgezogene Katze kann niemand von einander unterscheiden! Darum esse ich am liebsten Eier, denn die miauen garantiert nicht!

Wenn Mineralöl in Schokolade ist, darf dann die BVG ihre Busse mit Schoki betanken? Hast du Schoki im Motor, röhrt er wie ein Ofenrohr!

Getürkte Umfrage
Was halten sie von dem Vorschlag, die private Knallerei der Leute an Silvester zu verbieten und das so gesparte Geld der Not leidenden Atomlobby zu spenden, damit die es mal so richtig knallen lässt?
Junge Frau: Na ich weiß nicht, ich komme gar nicht von hier!
Ausländischer Akzent: Wolle Rose kaufen?
Mann, norddeutscher Schlag: Also ick weeeiiis nich! Dat mit die Atomlobby meen sie? Also jooo … dat is …. na man könnte ja ooch so sagen … det et von die Atomlobbys schon immer ganz schön knallen tut, nich! Abeeer so richtich hav ick ihre Frooge schon nich verstaan.

126

Mann: Bevor ich mir über dieses uninteressante Weltgeschehen mein hübsches Lockenköpfchen zerbreche, wollen wir zwei beiden Süßen nicht erst dort an der Ecke ein kleines Prosecco-chen lüpfen?

Kind: Hilfe, Mama, der fremde Mann ist so groß!

Frau: Wer sind sie überhaupt? Dürfen sie solche Umfragen auf der Straße überhaupt machen? Ja? Dürfen sie? Und da schreitet nicht die Polizei ein, wenn sie hier fremde Frauen einfach so primitiv anquatschen? Ich sag ihnen mal eins, ich sage hier kein Wort!

Mann, aufgebracht: Man, lass ma doch in Ruhe! Bei mir zu hause kommt der Strom aus der Steckdose und nich von't Atomkraftwerk

Frau, erregt: Wieso? Haben sie etwa was dagegen? Sind sie vielleicht ein Schweinepriester oder so? Na wären sie Obstbauer müssten sie doch froh sein über die Kernspaltung bei Äpfeln und Pflaumen!

Was ist eigentlich eine Rating-Agentur? Darf ich beim Rating mal ein Raaating machen? Auf gut englisch eine "Rat Agency",die macht sicher folgendes, die machens wie die Ratten und raten, ob das Schiff untergeht oder nicht! Rat Agency's, raten, wie hoch ihre Gewinne sind, wenn sie jemanden in der Kreditwürdigkeit herab stufen!

Bin am Montag auf dem Weg zur S-Bahn kurz durch's Gesundbrunnencenter gejagt und da falle ich doch auf der Mittel-Promenade fast über eine Freilaufanlage mit Osterküken! Sind die süüüüß! ... vor allem als Lebendfutter für das handzahme, hauseigene Krokodil oder für die kuschelige Schlafzimmer-Klapperschlange. Ich hörte dann auch schon die quengelnden Kinder: „Mami, kaufste mir eins?" Nun ist so ein Schicksal als Küken in so einem Einkaufszentrum sicherlich angenehmer als in einer Massentieraufzuchtanlage in Brandenburg. Aber was geschieht mit den gekauften Küken in der Großstadtwohnung, wenn die mal ausgewachsen sind?

Merke: wer des Teufels ist, braucht wenigstens keine Kirchensteuer zu bezahlen! … aber nur wenn er es nachweisen kann! ...

Im Winter kann man auf den Gehwegen Berlins den Satz: „Schatz, rutsch doch mal rüber!" leider wirklich wörtlich nehmen!

Wenn man von jemandem sagt, er habe nur die Unwahrheit gesagt, hört sich das doch freundlicher an, als wenn man sagt, er habe beinhart gelogen!

Der Berliner Hauptbahnhof, klammheimlich, wirklich bei Nacht und Nebel, hat die Bahn oben vom S-Bahnsteig den Zusatz „Lehrter Stadtbahnhof" entfernt. Dabei fragte die Bahn noch vor einigen Jahren, ob man den Zusatz behalten soll. Eine überwältigende Mehrheit der Bahnnutzer war für die Beibehaltung von „Lehrter Stadtbahnhof". Aber wahrscheinlich war es der Bahn zu teuer, immer die vielen Buchstaben zu putzen.

Das Bundesgesundheitsministerium gibt bekannt, dass es demnächst neuartige, relativ echt aussehende Penisverlängerungen für etwas potenzschwache Männer einführen will. Um den aktuellen Bedarf an diesen wenigstens halbwegs abschätzen zu können, bittet das Bundesgesundheitsministerium darum, dass alle davon betroffenen Männer in den nächsten Tagen bitte mit schwarz-rot-goldenen Fahnen an ihren Autos herum fahren sollen.

Der Lacher der Woche, wenn einem da der Lacher nicht im Halse stecken bleibt, ist der Typ, der am Wochenende voll freudigen Übermutes gegen eine Anfahrende U-Bahn sprang, dabei genau zwischen zwei Wagen geriet, unter die Räder kam, vom Zug überrollt wurde und schließlich an seinen Verletzungen starb. Tja, manche Sachen macht man halt nur einmal im Leben! Nicht, dass die BVG jetzt ganz groß an ihre Wagen schreiben muss: "Der Sprung gegen fahrende Züge kann tödlich sein!" Das ist dann wieder die Frage: Wie dumm sind die Menschen? Das trinken von kochendem Wasser kann Verbrennungen im Mund- und

Rachenraum hervorrufen! Das gegen die Fahrbahnfahrtrichtung fahren mit einem Fahrrad auf einer Autobahnfahrbahn kann zu schweren Unfällen führen! Das abfeuern einer geladenen Pistole gegen den eigenen Kopf kann zu schweren Verletzungen führen! Der Sprung von der Spitze des Berliner Funkturms kann auch innere Organe schädigen!

***

aus 2013

Während sich ja deutsche Musikaufnahmen schon immer dadurch auszeichneten, dass sie zwar technisch perfekt, aber von der Klangfarbe her einfach nur steril, wie auf einer Intensivstation im Krankenhaus aufgezeichnet, klangen, waren die Aufnahmen von Tamla-Motown das ganze Gegenteil davon. Das klang oft reichlich räudig, Hauptsache der Sound stimmte. Nahm man in Deutschland grundsätzlich jungfräuliches Bandmaterial zur Aufnahme, wurden damals in Detroit die Bänder so oft überspielt, bis die Songs saßen. Man hatte eine perfekte Rhythmustruppe an Studiomusikern, die oft bis zu zwanzig Stunden am Tag spielten, eine Hand voll genialer Songwriter und somit waren die singenden Künstler vom Prinzip her austauschbar. Tamla-Motown, der schönste, dreckige Sound, den es bis heute gibt!

Den Kater an Silvester vertreibe ich mir am liebsten durch ein schnurrendes Kätzchen!

Berlin, die Hauptstadt der Tunnelbauer! Ja, seit dem Mauerbau 1961 gibt's in Berlin viele mehr oder weniger ehrenamtliche Tunnelbauer!
Vielleicht sollte man in Schönefeld, statt eines Flughafens, besser einen Tunnel bauen! Oder wir bauen im Nahen Osten Schmuggel-Tunnel in den Gaza-Streifen, dann kann man mit Tunnelbauten richtig was verdienen! Fest steht, Berliner Tunnel könnten ein weltweiter Exportschlager werden! Da bekommt das Wort "Tunnelblick" eine vollkommen neue Bedeutung!

Herr Seehofer, mal 'ne kleine Anmerkung von mir zu ihrem populistischen Wirtshausgeschwafel zum Thema Länderfinanzausgleich! Mal ehrlich, die Bayern müssen doch über die deutsche Teilung und die Berlin-Blockade damals überglücklich gewesen sein! Siemens und andere große Firmen hätten doch ohne den kalten Krieg Teile ihrer Produktion freiwillig niemals von Berlin nach Bayern verlegt! Und das deutsche Raumfahrtzentrum hätte man dann nicht in Oberpfaffenhofen, sondern in der Archenhold-Sternwarte in Treptow errichtet! Ohne kalten Krieg und deutsche Teilung würde Bayern heute Agrarprodukte, schlechte Popmusik und dumme Fernsehserien wie "das königlich bayerische Amtsgericht", statt des Tatort exportieren!

Der Vatikan sucht, jungen unter-sechzig-jährigen Mann, im Zölibat lebend, der die Leute mit unverständlichen Äußerungen begeistert und Erfahrungen mit der Presse hat. Er darf auf keinen Fall etwas von den Menschen und vom wahren Glauben verstehen und sollte seinen eigenen Namen schreiben können.

"Sein sie doch mal ein bisschen flexibel!" bekam ich am letzten Freitag von einer miesen, kleinen Fortbildungsbude zu hören, in das mich das Jobcenter für einige Seminare wegen meiner Freiberuflichkeit verdonnert hat. ICH soll flexibel sein! Die Seminare finden dort jeden Donnerstag von 9.00 – 14.30 Uhr zur besten OKbeat-Zeit statt. Die Seminartermine sind nicht flexibel oder frei verhandelbar!

Jeder allein erziehende Elternteil hat mehr Managerqualitäten als ein Firmenmanager! Heute auch von mir kein Wort zu Pferdebuletten aus Rindfleisch, zu Käfigeiern aus Bio-Haltung, zu Chemie-Cocktails mit Cola-Geschmack, zu Brotmehl im Mäusekot, BSE-freien Rindern oder Lebend-Gemüse im Gammelfleisch. Ich dachte immer, der Nahrungsmittelindustrie sei sehr daran gelegen, dass ihre Kunden ihren Produktverzehr überleben. Da muss ich mich wohl geirrt haben.

Warum brauchen Autos der Marke Ford keine Handbremse? Na

man schickt sie erst zur Ford-Bildung und bringt ihnen dort bei: Ford! Setzen! Sie vermehren sich übrigens mit Hilfe der Ford-Pflanzung

Was muss man machen, damit man an der Bar im Adlon nur ein leicht beschlagenes Glas ohne Inhalt bekommt? Na, man bestellt: "Herr Ober, einen Eskimo-Flipp, Wasser on the Rocks, bitte, aber extry dry und ohne Eis!"

Sah kürzlich auf einem Paket Taschentücher, jedes Päckchen darin in ein anderes Bildchen eingewickelt, die Aufschrift, Zitat: "Sonderedition – Deutschlands schönste Bundesländer" Zitat ende – und dabei dann auch 'n Bildchen von Berlin! Nun liegt ja die Schönheit bekanntlich im Auge des Betrachters. Das ist wahrscheinlich wie mit dem eigenen Ehegatten oder der Gattin – schön ist er, sie, es nun gerade nicht, dafür kann er sie es aber gut Kaffee kochen, ... oder so! *(aus der 581. Ausgabe, die wegen eines Problems bei mir, bei der Überspielung vom analogen Band auf den PC nicht gesendet werden konnte)*

Frage eines Hörers: Wissen sie, warum wir zu Weihnachten Osterwetter und zu Ostern Weihnachtswetter hatten? Meine Antwort: Das hat was mit der Krümmung der Erdachse, dem periodischen Tamagotchi-Effekt des Raumes, durch den sich unser Sonnensystem derzeit bewegt, dem quasarischen Antipol der Hybridachse und dem Aral-Effekt auf die Treibstoffproduktion in Kaukasien zu tun. Und an all dem ist natürlich nur die SPD schuld! Antwort des Hörers: Weil die Hypotenuse sich interplanetarisch, relativ gesehen, gegen den Uhrzeigersinn bewegt und sich deshalb die Erdrotation kontra-produktiv zum Planquadrat H20-Kopf bewegt, jetzt verstehe ich es !!!

Wie sähe die Welt ohne Männer aus? Keine Gewalt, keine Kriege und lauter dicke, glückliche Frauen!

Also die Nord-Koreanische Regierung in Pjöngjang sagt sich gerade: "Gib unseren Menschen Seoul!"

Heute kein Wort zu mir zu teuren Drohnen! Die Bienen wissen schon, warum sie die nach dem Geschlechtsakt töten.

Wir sind für alternative Energien! Wir trennen unseren Müll, fahren Schadstoffarme Autos, haben strengste Umweltauflagen für die Unternehmen. Aber nach einem Fußballspiel darf 'ne Horde Hirntoter Remmi-Demmi machen, Feuerwerk abfackeln und lauthals besoffen durch die Straßen toben! Die armen Hunde- und Katzenbesitzer, die armen brütenden Vögel in den Parks und schade um unsere gute, schadstoffarme Luft in der Innenstadt. Mein Gott, ich fackel doch auch nicht jedes mal, wenn ich ein Stück der Beatles im Radio habe, ein riesen Feuerwerk ab! Kann man nicht die Leute, die Fußball nicht interessiert, einfach mal in Ruhe lassen?

Jobcenter: Um auf dem ersten Arbeitsmarkt bestehen zu können, was brauchen sie da noch für Fortbildungen? - Icke: Ein Veterinär- und ein Theologiestudium! - Jobcenter: ??? - Icke: Na ich will Schweinepriester werden!

Während selbst Feuerwehren aus Berlin-Spandau wegen des Hochwassers zur Deichsicherung an die Elbe ins Jerichower Land geschickt wurden, strahlte das rbb-Fernsehen am Sonntagabend ausgerechnet den "Musikanten-DAMPFER" aus. Ist das reine Blödheit oder ist das Zynismus?

Scheiß Englisch, sag ich euch! Überall Anglizismen! Neulich sah ich in einem Supermarkt eine Dose mit der Aufschrift "Brathering"! Brathering, Brathering ... ??? Und dann kam ich drauf! Brat-Hering!

Fragt mich doch am Montag mein Kardiologe, ob er mich mal abhorchen darf! Frag ich ihn: Für wen?

Etwas ganz anderes passiert gerade mit dem Berliner Untergrund! Der Grundwasserspiegel steigt und ist in einigen Stadtteilen schon wieder auf dem Niveau von vor der Industrialisierung, von vor

1871! Vielleicht könnte man den Wasserverbrauch ja in Berlin irgendwie erhöhen, indem man in Berlin Parks und Straßen sprengt! Achtung, Achtung! In wenigen Augenblicken wird der Tiergarten gesprengt!

Neue Grußformel für den kleinen Aufsteiger in der Bude, in der man arbeitet: Ich diene dem Kapital!

Nordamerika-Auswandererspruch der Woche: Kanada, kann er die, kann er sie ... beim Blumen pflücken beobachten!

5. Sept. 2013: Heute Nacht starb, kaum beachtet, ein Stück deutscher Radiogeschichte. Deutschlandradio Kultur stellte seinen Sendebetrieb über die Sendestelle Britz auf der Mittelwellenfrequenz 990 Kilohertz ein. Über die Sendestelle Britz sendete der legendäre RIAS in die DDR hinein. Auf der Mittelwellenfrequenz 990 Kilohertz begann vor knapp 90 Jahren, am 29.Oktober 1923, in Berlin der öffentliche Hörrundfunk in Deutschland.

Auf einer Webseite gelesen: Zitat: „Mit Pampers jetzt zwanzig Prozent sparen!" Frage: Wieso soll ich mir jetzt als Erwachsener Pampers kaufen, um zu sparen! Ich spare doch schon, wenn ich keine Pampers kaufe!

Als der Körper erschaffen wurde, wollten alle Körperteile Boss sein. Das Gehirn sprach: Da ich alle Teile kontrolliere und für sie denke, ohne mich nichts Vernünftiges herauskommt, muss ich der Boss sein! Die Beine sagten: Da wir den Menschen dorthin tragen, wo er hin will und das ausführen, was das Gehirn ihm eingibt, wollen wir der Boss sein! Die Augen sprachen: Da wir auf euch achtgeben und auch warnen, wenn Gefahr droht, wollen wir der Boss sein! Das Herz pochte: "Oh nein! Oh nein! Ich bin der Motor des Ganzen, ohne mich gibt es kein Leben, daher sollte ich der Chef sein!" Die Genitalien: "Da wir für die Nachkommenschaft und die höchsten Freuden des Lebens sorge, steht uns dieses Amt zu!" Und so meldeten sich noch weitere Organe wie die Lunge, die Leber, die Niere . . . und schließlich verlangte auch das Arschloch,

dass man es zum Boss machen sollte. Alle Körperteile lachten und lachten und fanden die Idee einfach absurd, ein Arschloch zum Boss zu haben. Das Arschloch wurde darüber sehr wütend, schloss sich zu, schmollte und weigerte sich, zu funktionieren. Daraufhin wurde das Gehirn fiebrig, die Augen schielten, schmerzten und wurden dick, die Beine wurden schwach und die Hände hingen schlaff herunter, die Sexuelle Lust und auch das sexuelle Vermögen gingen auf den Nullpunkt. Sogar das Herz und die Lunge hatten Mühe, weiter zu arbeiten. Schließlich wandten sich alle flehentlich an das Gehirn mit der Bitte, doch das Arschloch zum Boss zu machen. Und so kam es, dass alle anderen Körperteile die Arbeit verrichteten, und das Arschloch einfach Boss spielte und eine Menge Scheiße von sich gab. Die Moral der Geschichte: Um Boss zu werden, braucht man kein Genie zu sein, nur ein Arschloch!
(Verfasser unbekannt – der Text kursiert aber schon seit Jahrzehnten durch die Büros in aller Welt)

Die CSU möchte am liebsten mit BMW koalieren!

Was Familie bedeutet, weiß man erst, wenn man sie nicht mehr hat.

Die größte Magie besteht zwischen zwei Menschen, die einander zwar sehr mögen, aber einander nicht haben können.

***

aus 2014

Na wo ist denn das Pofalla-lein! Na, wo ist er denn? Spielt das Pofallalein etwa wieder mit der elektrischen Eisenbahn? Immer diese nicht durchdachten Weihnachtsgeschenke!

Neu, bei Aldi in der Gemüsetheke! Bananen! Der Stoff, der glücklich macht! Neu! Jetzt mit Zertifikat! Echt Kolumbianische Ware!

Nach fast vier Monaten ohne Geld am letzten Freitag persönlich zum Amt! Erste Station: Nummer ziehen, warten im Namensanfangsbuchstabengerechten Wartebereich. Ein Bildschirm mit den aufgerufenen Wartenummern und mit daneben der Nummer der Tür, der Pforte zum allerheiligsten, einem Sachbearbeiterbüro. Sehr informativ! Daneben, jetzt neu ein weiterer Bildschirm, eher weniger Informativ, mit bunter Mottenpost-Werbung von "Warte-TV", grell-bunte Bilder, tonlos! Alles was ein Hartzie braucht: Mercedes SL, 100er BMW und Werbetafeln: starten sie durch mit einem Minijob bei Amazon!

Dann Anliegen vortragen und die zweite Stunde im Wartebereich warten mit Zielgruppen gerechter Werbung für BMW-Motorräder, Marken-Parfüm, Starten sie durch mit einem Minijob bei zalando. Auskunft: "Ich schick sie mal nach oben in die Leistungsabteilung." ... dort erneut warten im Wartebereich mit "Warte-TV" und Werbung für Schuhe von Zalando, Mercedes SL, 100er BMW, starten sie durch mit einem Minijob im Jobcenter. Nach zwei weiteren Stunden warten, Abholung durch den Teamchef persönlich und ernst gemeinte Entschuldigung: Also ich war da, aber meine Akte nicht! Die musste erst noch durch den Teamchef persönlich gefunden werden und er hatte die Akte dann auch und die Bearbeitung erfolgte sofort in meinem Beisein. Geht doch! Brauchte es also keiner Hühner- oder Menschenopfer! Vielleicht hätte es ja auch gereicht, wenn ich nur 'n Döner schieße. Nach einer weiteren Stunde dann mein Rückzug durch das Haus, vorbei an mehreren Wartebereichen mit Warte-TV und toller Werbung, Zielgruppengerecht für Arbeitslose ... Mercedes SL, 100er BMW, es darf auch der neue Porsche sein und wenn sie dumm genug sind, bewerben sie sich auf einen Minijob bei Amazon, Hermes oder zalando ... oder verkaufen sie Bananen bei Aldi! Alles Banane?

Diese Woche machte es die Runde, der Schock aller Kleingärtner, Vielgriller, Bild-Leser und Warmduscher: Preisabsprachen bei Bier! Fünf Brauereien beteiligt! Wieso nur Preisabsprachen? Warsteiner, Veltins, Krombacher, Bitburger und Becks schmecken doch sowieso schon alle gleich, charakterlos. Da wurden sicher auch die Rezepturen und die Art des Brauens abgesprochen!

Karikatur im Eulenspiegel, etwa ein halbes Jahr vor dem Fall der Berliner Mauer: Auf einem Podium sitzen mehrere Leute und diskutieren über die Volkswirtschaft der DDR und einer davon sagt: "Eine Ware, die nur einmal produziert wurde, kann auch nur einmal verkauft werden." ... Zwischenruf aus der letzten Reihe im Publikum: "... aber sie kann zweimal abgerechnet werden."

Musste letzte Woche zum Zentralen Berliner Fundbüro! Das Fundbüro hat seinem Namen alle Ehre gemacht, denn das muss man erstmal finden!

Darmwinde haben den doppelten Öko-Engel verdient. Einmal für den erzeugten Wind selbst und einmal für das damit erzeugte Methan! ... statt Windrädern werden deshalb künftig nur noch Dunstabzugshauben fürs Stille Örtchen gefördert ...

Mein erster und letzter Facebook-Kommentar letzten Samstagabend zu "Wetten dass ..." ca. 6 min nach Beginn der Sendung: Markus Lanz ist der Meinung, in diesem Jahr bisher alles richtig gemacht zu haben ... und ja, Karlsruhe ist schön ... witzelt sogar noch über die Onlinepetition gegen sich ... und ja, Karlsruhe ist schön ... schleimt dann mit Regina Halmich, die die Saalwette betreut, herum und beteuert: "Karlsruhe ist schön!" ... geht dann kurz auf die Außenwette ein, labert nochmal was von "Karlsruhe ist schön" ... und als er dann die Fleisch gewordene, typisch deutscher Michel, Dummheit "Atze Schröder" als ersten Wettkandidaten auf die Bühne ruft und dabei nochmals betont: "Karlsruhe ist schön!" ... hab ich den Fernseher ausgemacht!

Es ist angeblich nur ein Gerücht, dass der Bundesverkehrsminister auf deutschen Straßen zur Verkehrsberuhigung künftig Valium kostenlos an die Kraftfahrer verteilen will.

Also im Gegensatz zum Akku meines Handys, ist meine Bekannte Sabine immer voll geladen!

Die Kunst der Pünktlichkeit besteht darin, genau abzuschätzen, um wie viel der andere sich verspäten wird!

Man kommt sich bei mir am Prenzlauer Berg derzeit vor, wie im deutschen Wald! Es wird abgeholzt, als gäbe es kein Morgen! Frei nach dem Motto: Mia san die lustigen Holzhacker Buam! Und dann wundert man sich, dass es in der Innenstadt im Sommer immer so heiß wird! Klar, wenn man alle Bäume fällt und alle Freiflächen versiegelt! Kettensägen-Geflüster, nennt man sowas, wenn man davon morgens geweckt wird! Mal ganz ehrlich, Bäume sind ja auch was ganz was Doofes! In der Stadt atmen sie den Menschen den ganzen Sauerstoff weg, auf Brandenburgs Landstraßen ist jeder Baum ein Unfallschwerpunkt und das Rauschen der Blätter verursacht solchen Lärm, dass ich Nachts generell meine Fenster schließe, auch im Winter! Und wenn es dann noch zu ruhig und die Luft zu Sauber ist, der braucht ab Frühjahr nur noch in das Wohngebiet oben an der Ostseestraße zu ziehen, wo alle zwei Wochen die knatternden Laubbläser über die Höfe ziehen!

Nein, Kaiser's, ihr seid nicht "Auf Grund einer behördlichen Anordnung gezwungen an Samstagen und vor Feiertagen schon um 23.30 Uhr zu schließen", auch wenn man es auf euren Info-blättern, die überall in den Filialen aushängen, so lesen kann. Sondern Kaiser's hat eindeutig gegen Arbeitsschutzgesetze verstoßen, die besagen, dass an Sonn- und Feiertagen, wenn nicht an einzelnen dieser Tage Ausnahmeregelungen gelten, im Einzelhandel nicht gearbeitet werden darf. Und, Kaiser's, diese Arbeitsschutzgesetze gelten nicht erst spontan seit 'n paar Tagen oder seit Pflaumenpfingsten, sondern schon seit Jahrzehnten!

Noch so'ne heiße Meldung: Charlene, Fürstin von Monaco, bekommt nun angeblich Zwillinge! Ich wusste doch, dass Fürst Albert II. nicht treu sein kann! Von wem ist denn das Zweite?

Bei Aldi gibt's Erfrischungsgetränke, die nicht für Vegetarier geeignet sind! Habe letzte Woche bei Aldi ein "Apfel-Rhabarber-

Erfrischungsgetränk" gekauft. Es sah so gut aus und schmeckte gut! Mal abgesehen davon, dass Apfel- und Rhabarbersaft in nahezu homöopathischen Dosen im Getränk enthalten sind (Apfelsaft 7 %, Rhabarersaft 3 %) ist der Farbstoff nicht das übliche erwartete Beta-Carotin oder Zuckercouleur, sondern "Karmin", das aus "Schildläusen" hergestellt wird! Also aus Schildläusen wird der Brausefarbstoff hergestellt! Passend dazu wäre, weil auch aus Schildläusen gemacht, der Verzehr von Ur-Opis Schellackplatten oder der Nagellack der besten Freundin.

Es ist angeblich nur ein Gerücht, dass das Kanzleramt, aus Anlass des sechzigsten Geburtstages der Kanzlerin in "Hexentanzplatz" umbenannt wird! Wer war doch gleich der Typ, der seiner Mutter zu deren 30. Geburstag einen (Hexen-)Reisigbesen geschenkt hat? Ich war damals gerade zwölf!

Auf der Zutatenliste meines leckeren, teuren und eindeutig als "Ziegenfrischkäse" deklarierten Sonntagsfrühstücks entdeckte ich beim Verzehr auf der Zutatenliste neben vielen chemischen Formeln auch noch Kuhmilch. Was macht Kuhmilch im Ziegenkäse? Na das ist ja fast so, als würde man den Rinderbraten aus Hähnchenfleisch machen, als würde der Internist einem die Zähne plombieren oder als würde Helene Fischer plötzlich Musik machen ...

Die Jobcenter sollen sich, so eine Boulevard-Zeitung vor kurzem, an die einhunderttausend Drogenschnelltests besorgt haben. Ob damit dann die Chefetage der Jobcenter oder die Hartzies getestet werden sollen, war der Meldung leider nicht zu entnehmen. Statt Drogenschnelltests hätten sie besser Drogen einkaufen sollen! "Was haben sie? Kein Geld haben sie von uns diesen Monat nicht bekommen? 'N Job haben sie sich auch nicht gesucht?   ... manana ...

Ende heute mit den Carpenters – there's a kind of hush – auf gut deutsch: dieses Kind braucht Cannabis.

Heute befassen wir uns mal mit der deutschen Sprache und konjugieren das Wort "Schwimmen"! ... ich schwimme ... du schwummst ... er schwamm ... sie Lappen ...

Wer re-agiert, agiert nicht mehr!

Wer zu faul ist, seinen eigenen Arsch zu bewegen, für den ist ja selbst der Gang vom Sofa zum Kühlschrank schon ein Marathonlauf. "Ich habe nichts zu essen mehr an meiner Couch und muss darum hungern! Wann kümmert sich denn endlich mal die Regierung ...." Es ist ja auch viel einfacher, nur zu rufen, dass sich etwas ändern soll, anstatt selber aktiv zu werden und etwas zu ändern.

Das Schlimmste an der Zeit von Januar bis November ist doch, dass es für diese Zeit noch keine aktuellen Adventskalender mit so schönen Schokopralinen darin gibt! Es geht wirklich immer nur um den Menschen! Gaucken wir uns durch!

Und jetzt der Satire-Teil ... aber ... Moment, ich muss nochmal kurz überlegen. .... also der Absatz hier ist missverständlich, den da hätte ich besser nie schreiben sollen, die Seite zwei könnte man mir als zu viel Nähe zu einer Person oder Institution auslegen, den Absatz da hinten könnte man fälschlicher Weise als eindeutig zweideutig interpretieren ...

Also ich hab ja gestern im Auto einen dermaßen heftigen Lachanfall bekommen, als ich diese Meldung in den Nachrichten hörte: Klaus Wowereit deckt Staatsminister Schmitz und steht voll hinter ihm! Das ist wahre Männerfreundschaft!

Oh Tempelhof, oh Tempelhof
bebaut da wärst du ziemlich doof!

Frage an die Damen vom horizontalen Gewerbe: Bitte was versteht man unter "Regionalverkehr"?

Uns Ursel – Granaten-Uschi Von der Leyen will Daten von Facebook und Twitter „abschöpfen". Vorbild BND? Die Verteidigungsministerin hat ein Forschungsprojekt in Auftrag gegeben, um im Internet frei zugängliche Quellen auszuspähen. Es gehe um "Gefahrenabwehr". So eine Meldung ausgerechnet bei Facebook gestern! Also kann man der Uschi nicht 'n schönen Posten beim Feinschmecker-Hersteller Whiskas anbieten? Da bekommt sie mehr Geld, kann aber weniger Unsinn anstellen, Verkostungen inbegriffen. Oder als Drogenbeauftragte der Bundesregierung! Das Know-how für den Transport der Drogen aus Afghanistan ist doch schließlich schon da! Das Opium, das Opium, das bringt den armen Opi um! Aber Hauptsache die Haare liegen und die Leberwurscht schmeckt!

Man müsste in Bayern leben! Da müsste man endlich auch im Wohnzimmer wieder deutsch reden! "Na wo sind denn meine kleinen Fischileins! Hey-di-dei – haben sich die Blackmollys schon wieder vermehrt ... wuzzi-guzzi-wuh ... ihr süßen, kleinen Fischileins!" Also, Seehofer, Keule, nich mehr janz knuspa inne Omme, wa? Det, wat wir hier als Natives aus'm Prenzlauer Berg quatschen, ja, Meesta, jenau det is Hochdeutsch! Klaro? Ick hab hier schließlich den Hauptstadtbonus, und Seehofer, du Jurke, jehst ma mit dein' dusslijet Jequatsche aba sowat von uff'n Sack! Lern er erstma astreinet Hochberlinisch, ansonsten vazieh da aba wie et Klawitta uff deine Almen und bejatte weita Kühe und Jemsen! Allet Paletti?
(na hier war ich ja mal textlich wirklich in der Berliner Gosse)

***

aus 2015

Das Bundesarbeitsgericht entschied letzte Woche, dass die Mitarbeiter in Firmen, wenn sie krank sind, nur bedingt von der Firma durch Detektive beschattet werden dürfen. Schnüffeln verboten! Schnüffeln verboten? Also eine Firma, die kein Vertrauen in ihre Mitarbeiter hat, sollte erst gar keine Mitarbeiter beschäftigen! Da ist ja jeder neue Angestellte von vornherein ein potenzieller Betrüger! In so 'ner Bude würde ich nicht arbeiten wollen! Kein Wunder also, wenn solche Buden hohe Krankenstände haben und man die Angestellten beschatten will!

Viele sind ja gegen Impfungen gegen Polio, Pocken, gegen die ich damals noch geimpft wurde, Masern, Windpocken, Mumps, Tetanus, Diphtherie ... ... Die Impfgegner sagen, früher wurden die Leute ja auch nicht geimpft und haben sich vermehrt, wie die Karnickel. Man braucht sich nur mal die vielen, vielen Kindersärge in der Hohenzollerngruft im Berliner Dom anzuschauen, um zu begreifen, wie schnell die Kinder in Zeiten gänzlich ohne Impfungen abgekratzt sind.

Der Größte Lacher letzte Woche war ja die Wasserschlacht in der zukünftigen BND-Zentrale in der Chaussee Straße, die ja ausgerechnet auf der ehemaligen Zickenwiese, im Volksmund so genannt, weil Walter Ulbricht doch so'n Zickenbart hatte und an eben jener Stelle in der Chausseestraße, an der der BND jetzt baut, dereinst mal das Walter-Ulbricht-Stadion stand, eröffnet 1951! Dass der BND-Neubau unter Wasser steht, ist das jetzt Ulbrichts letzte Rache?

Das Gesundheitsamt gibt bekannt, dass es derzeit wieder einmal Keime auf Geflügelfleisch gibt. Und ich dachte immer, nur Kartoffeln keimen! Aber insgesamt ist ja die Meldung ganz falsch! Es müsste heißen: Was macht denn das scheiß Fleisch zwischen den armen Keimen?

Also dass heute die 666 des OKbeat und letzte Woche zum 66. mal Schlag 8 war, hab ich so nie geplant! Fünfmal sechs auf 88vier! – Na wenigstens hier.

China ist der Meinung, dass der Mekong so dreckig sei, liege nicht allein an der chinesischen Industrie, sondern an den vielen toten Fischen im Fluss.

Havelberg - Der Landkreis stellt fest: die BUGA im Havelland ist reine Bugamie!

Eva Herrmann gab in einem Tagesschau-Interview bekannt: Frauen und Beruf lassen sich durchaus unter einen Hut bringen. Die Frau bleibt Frau und der Mann macht den Beruf.

Zu einem Notfalleinsatz wurde am späten Vormittag ein Notarztwagen ins Jobcenter Lichtenberg beordert. Der Kopf eines Angestellten hatte sich im Gesäß eines seiner Vorgesetzten so verkeilt, dass er nicht mehr aus dessen Arsch heraus zu ziehen war. Der Angestellte wurde deshalb Kopfamputiert und soll nun im Bundesarbeitsministerium die Zuarbeiten liefern.

Prenzlauer Berg - In einer dieser hippen Weinhandlungen fand ich an einem Weinregal folgenden Warnhinweis: "Achtung! Wein kann Spuren von Alkohol enthalten!"

Um 150 Flugzeugabsturzopfer wird mehr Gewese gemacht, als um 400 ersoffene Bootsflüchtlinge! Über den Abgang eines Fußballtrainers wird weit ausführlicher berichtet, als um die täglich 17.000 verhungernden Kinder!

So lange du dem anderen sein Anders sein nicht verzeihen kannst, so lang bist du noch weit ab vom Pfad der Weisheit!

Na, Aldi, etwas verschnupft diese Woche nach dem Fund von Koks in Bananenkisten? Also ihr müsst ja nun wirklich nicht euren Umsatz mit allen Mitteln steigern! Künftig legt man sich halt mal 'ne Line Bananen! Ich hab auch schon 'ne Vermutung, wer der eigentliche Adressat der Koksbananen war! Nicht Aldi, sondern die Chefetage der Deutschen Bahn! Da fehlt aber noch das Cannabis für die Fahrgäste der Ringbahn, damit die ruhig und entspannt bleiben, weil die fährt ja gerade nicht! Also jetzt ganz ruhig bleiben und zu Aldi Bananen kaufen gehen! Weiß gepuderte Bananen ... da bekommt das Wort von der "Bananenrepublik" gleich eine vollkommen neue Bedeutung!

Ein Mann im Haus ... ersetzt den Gatten!

Ein Affenbaby, wie süüüß, in Tokios Zoo wurde nach der neuen britischen Prinzessin, Charlotte, benannt, weil es die Zoobesucher so wollten. Agenturen berichten, nun stellt sich Widerspruch gegen diesen Namen, natürlich unter den Zoobesuchern, ein. Man könne schließlich nicht ein Affenbaby, wie süüüß, nach einer britischen Prinzipessin benennen.

Niemand weiß, was der BND macht. Nicht mal der BND weiß, was der BND macht! Ist alles geheim! Ist ja schließlich ein Geheimdienst!

Berlin - Auf dem Berliner S-Bahn-Ring wurden in den letzten Tagen wieder einige Züge gesehen. Der BUND – Bund für Naturschutz - meinte dazu, Berliner S-Bahn-Züge ständen zwar bundesweit auf der roten Liste der vom Aussterben bedrohten Arten, bisher aber gebe es noch keinerlei Anzeichen dafür, dass dies auch in Berlin der Fall sei.

Gauckhausen - Bundes-Winke-Präsi Jochi Gauck gauckte heute den ganzen Tag lang ganz allein in Gauckie-Vue! Wen er bei seiner nächsten Rede alles durchgaucken werde, wollte uns der Bundes-Winke-Jochi auf unsere Anfrage hin nicht verraten.

Tokio - Japanische Wissenschaftler haben schon vor einiger Zeit einen weiteren, fünften Geschmacksinn des Menschen, neben süß, sauer, salzig, bitter, erkannt. Umami ist der Geschmackssinn für gebratenes Fleisch. Der Geschmackssinn Umami für gebratenes Fleisch muss ja dann evolutionär für die Entwicklung des Menschen eine gewisse Rolle gespielt haben. Bitte wie gesund lebt dann tatsächlich ein Vegetarier oder gar ein Veganer?

Washington - Wie wir aus gut unterrichteten Kreisen der CIA erfahren haben, gibt es die NSA genauso wenig, wie es Bielefeld gibt. Folglich könne auch der BND gar nicht für die NSA spioniert haben. Bundeskanzlerin Angela Merkel indes dementierte auch die

Existenz des BND. Wenn es einen Geheimdienst in Deutschland gäbe, spreche sie, Angela Merkel, ihm zuerst ihr vollstes Vertrauen aus und würde ihn dann durch einen weiteren Geheimdienst, vermutlich durch die NSA, überwachen lassen!

Habe letztens bei einer meiner Führungen versehentlich aus einer zeitlichen Baulücke eine bauliche Zeitlücke gemacht! ... das muss man dann relativ betrachten!

Warum ich meinen Zahnarzt meine Zähne erhalten lasse? Damit ich später mal aus eigener Kraft ins Gras beißen kann!

Zürich - Blatter geht! Freiwillig? Willig? War das jetzt 'n Fallrückzieher von Blatter, damit die amerikanische Justiz jetzt bei ihm einen Fallrückzieher macht? Wer spielt da die nächste Ecke? Kommt jetzt Wolfgang Niersbach vom DFB aus der linken und Putin aus der rechten Ecke? Darf Beckenbauer mal nachtreten? ... ich meine natürlich nachrücken? Was haben die FIFA und die Camorra gemeinsam? Die Bankberater? Sind die Spielfeld-markierungen bei internationalen Fußballbegegnungen mittlerweile aus Koks, damit sich die FIFA-Chefs im Stadion heimisch fühlen? ... und ich dachte immer, ab einem gewissen Alter braucht man nur noch ein gutes Feuer und eine sehr junge Frau, die einen wärmt ...

Prenzlauer Berg - Es ist schon eigenartig, zu beobachten, dass bei mir am Prenzlauer Berg mittlerweile recht viele PKW's größer und mächtiger sind, als die meisten Kleintransporter! Was zum Teufel macht man in so 'nem großen Auto noch, außer von A nach B fahren?

Zwei Präsidenten-Dynastien treten im US-Wahlkampf gegen einander an! Bush gegen Clinton, Hillary gegen Jeb! Gut, dann wählen wir halt Enele Sopoaga, den Staatschef von Tuvalu! Der Inselstaat ist mir eh sympathischer, als die USA und hat mit ca. elftausend Menschen gerade mal so viele Einwohner, wie mein geliebter Kollwitzkiez am Prenzlauer Berg. Oder ich lasse mich in die USA einbürgern und kandidiere als US-Präsident. Ich verspreche Zuckerwatte für jeden, heile-heile-Zauber für lädierte Banken und täglich vierundzwanzig Stunden OKbeat über meinen eigenen Kanal Flächen deckend in Europa und ganz Nordamerika!

Frauen sind lebende Engel, denn wären wir Männer alleine auf dieser Welt, hätten wir uns schon längst die Köpfe eingeschlagen.

Im Internet macht sich gerade eine neue Revolution breit. Nachdem man schon seit Jahren in gewissen Zeitungen weniger auf Inhalte, als vielmehr auf bunte Bilder setzt und nachdem im letzten Bundestagswahlkampf nur noch Bilder von Muddi, aber keine Inhalte mehr gezogen haben, verdrängt derzeit Instagram mit bunten Selfies und sehr laienhaften Privatvideos die ohnehin schon schmalen Inhalte manchen Facebook-Posts. Der schöne Spruch: "Guten Morgen, Welt" ist ja noch immer Inhaltsreicher und regt meine Phantasie mehr an, als ein lasziv grinsendes Girl im Schlabber-T-Shirt oder der sabbernde Hundeköter an der Leine eines kahl geschorenen Hammels. Nein, ich brauche keine Inhalte mehr! Das Denken übernimmt mein Smartie!

Es gibt ja noch immer Leute, die meinen, mit Politik haben sie nichts zu tun, auch nicht, wenn sie hier Radio machen. Dabei lassen sie sich dann zum Bleistift mit Bernhard Brink beim bedeckt Baden an der Ostseeküste fotoknipsen und stellen das ganze bei Jappy, Facebook und, wer hätte das gedacht, bei Instagram kommentarlos ins Netz ... und merken dabei gar nicht, wie hoch politisch sie dabei eigentlich sind, denn wer nichts macht, stört wenigstens nicht!

In Berlin ist ab sofort das Betteln mit Kindern verboten. Das löst zwar das Problem der Armut nicht, aber das Betteln geht den möglichen Spendern nicht ganz so zu Herzen. Sind jetzt eigentlich auch bettelnde Kinder verboten? "Mami, Mami, bitte kauf uns ein Eis!"

Nein, Helene Fischer macht keine gute Musik! Wer so sehr bei seinen Auftritten auf optische Show setzt, kann keine gute Musik machen! Das ist mit Helenes Bühnenshows so, wie mit der Soße im Restaurant! Der Koch klatscht einem um so klebrigere Soße auf den Teller, je mehr das Steak darunter verbrannt ist! Man sollte die Helene-Fischer-Show umbenennen in Helene-Fischer-Zirkus und statt CD's von ihr, eher Hochglanz Magazine von ihr vertreiben, damit alte, dicke, sabbernde Kerle ab über vierzig, so wie ich, Helene Fischer zu sich nach hause tragen können! Helene Fischer – ihre Haare sind künstlich erblondet und verlängert, ihre musikalische Begleitband ist künstlich, ihr Lächeln ist künstlich ... Was ist denn nun das Geheimnis von Helene-Fischer's Erfolg? Sie ist blond und hat 'n Knackarsch! ... und die meisten Männer stehen auf sowas!

Die Einfädelung der Straßenbahn vom Nordbahnhof in die Invalidenstraße, man beachte die "enorme" Entfernung von etwa drei Metern Gleis, soll angeblich zwei Wochen vor dem geplanten Termin im September fertig sein, schrieb letzte Woche die Berliner Presse. Das wundert mich jetzt aber! Soweit ich weiß, sollte das doch schon vor der Fußball-WM 2006, also vor gut neuneinhalb Jahren, passiert sein! Meint man, dass man eher als der BER ans Netz geht, wenn man diese 300 cm Straßenbahngleis statt im Mai 2006 im August 2015 fertig stellt? Man merkt, wir können hier nicht nur Flughäfen nicht bauen!

Gus Backus, ein Typ der viele Stimmungsliedchen wie "Ich rauche gerne Sauerkraut und trinke gerne Polka" singt, hier jetzt mit "Da sprach der alte Häuptling der Indianer ..."
Tja, hast du keine Squaw zu hause,
dann hohl dir etwas Prickelbrause!

Fußball hat wieder begonnen! Toll! Aber gegen den Hunger auf der Welt hilft das auch nicht!

Ich war vor ein paar Tagen mal zur Bundespressekonfernz ins Kanzleramt eingeladen. Nachdem ich von Angy weder Kaffee noch Kuchen bekam, durfte ich dort eine ganze Reihe an Fragen stellen, die ich lieber nicht gestellt hätte. So auch nach der jüngsten Spendenaffäre! Offiziell gibt's ja keine, aber ich dachte, klopf doch mal auf den Busch, mal schauen, was passiert! Hört euch mal bitte die Antworten von unseren Regierungssprechern an. MAZ ab! Hallo Herr Sabbelt ... ähm ... Seibert, danke, dass auch der OKbeat mal an der Bundespressekonfernz teilnehmen darf! Meine erste Frage: Wie steht die Bundesregierung zur NSA-Ausspähung? Welche Meinung hat man zur jüngsten Spendenaffäre? Was können sie uns Konkretes über die Griechenlandkrise sagen? Wie steht die Bundesregierung zur Praxis des Jobcenters Berlin-Pankow, die darauf abzielt, dass Freiberufler ihre Freiberuflichkeit aufgeben müssen, um in prekären Beschäftigungsverhältnissen einer sogenannten "Versicherungspflichtigen Tätigkeit" nach zu gehen, nur weil das Jobcenter Pankow generell allen Freiberuflern misstraut? Und was hält die Bundeskanzlerin so von .... weißen Häschen? ... ach was ... Gut, dann erläutern sie mir mal bitte diese all meine Fragen umfassende Presseerklärung!

(Ich hatte eine echte Pressekonferenz gesehen, in der Herr Seibert alle Fragen der Journalisten abbügelte mit Äußerungen wie: „Dazu kann ich nichts sagen", „Ich bin zu diesem Punkt nicht Auskunftsberechtigt", „diese Presseerklärung müßte ihnen bereits vorliegen" oder „das unterliegt der Geheimhaltung". Diese Pressekonferenz schnitt ich spontan mit und baute Seiberts Antworten zwischen meine Fragen. Das was ich dann sendete, war natürlich ein Fake!)

Mein Gott, was ist denn der Stefan Mross für ein Idiot? Na, kein Wunder, dass sich Stefanie Hertel von ihm trennte. Stefan Mross redet ja genau so wald- und wiesenmäßig, wie er einen bläst ... auf der Trompete selbstverständlich! Da lasse ich am Sonntag nach der 10-Uhr-Tagesschau den Fernseher noch kurz eingeschaltet, während ich aufs Klo gehe, ... na wäre ich mal besser da geblieben ... und wie ich zurück komme, grüßt der Stefan Mross doch gerade mal wieder in alle ARD-Kameras hinein seine Frau und seine Tochter und seine Mama und seine Tante und seine Ex-Stefanie und deren Pudel und und und ... Also "die Sendung mit der Maus" gefällt mir auf dem 10-Uhr-Sendeplatz wesentlich besser!

"Ich bin noch immer leicht feucht.", schien sie mir sagen zu wollen, als ich mal wieder, sehr eng, in sie hinein schlüpfte ... in die soeben vom Wäschetrockner abgehängte .... Unterhose!
Es flattert, eher lose,
im Wind die Unterhose!

Bei mir gab es heute zum Frühstück "Schlagerbrote". Schlagerbrote sind belegt mit Harzer- oder Alpenkäse und ganz, ganz viel Schmalz!

War gestern auf'm Amt! ... mal wieder ... Mein vierter Besuch innerhalb eines Monats! War 'ne Bildungsbörse, ... also im Grunde genommen nichts Schlechtes und etwas, zu dem ich auch freiwillig gegangen wäre, aber schon wenn man im Schreiben liest: "... und wenn sie nicht erscheinen, wird sie die Strafe des Volkes treffen, Biltz und Donner werden auf sie herab fahren und sie, ihre Kinder und ihre Kindeskinder werden bis in alle Ewigkeit geächtet ..." ... oder so, hab ich schon so'n Hals. Außerdem war mir der Sinn des ganzen nicht ganz klar. Fortbildungen, die ich haben möchte, zahlt man mir nicht, weil die "nur" meiner Freiberuflichkeit dienen würden und die unterstützt man nicht, dafür fördert man eher Fortbildungen, nach denen man in prekäre Beschäftigungs-verhältnisse gerät, um weiter unter Kontrolle des Amtes zu bleiben. Klar, Freiberufler werden nicht gefördert, denn wir sind frei! Hab dabei gleich wieder 'n Termin bekommen, von gestern auf morgen, ... in Spandau! Für morgen hab ich mich jetzt deshalb mal selbst entschuldigt. Als Freiberufler darf ich das! Ick lach mir 'n Ast!

Viele finanziell Minderbemittelte freut's, diese Menge an Asylbewerbern. Endlich hetzen die Boulevard-Medien nicht mehr nur gegen sie. Der Hartzer ist nun nicht mehr auf der untersten Gesellschaftsstufe. Nun hat man selber einen, auf dem man herum treten kann, den Kriegsflüchtling, den, von dem man glaubt, er nähme einem erst die Arbeit, dann die Wohnung und schließlich die Frau. oder den Mann und dann noch die Freunde weg. Da steht er! ... der angebliche Feind! ... zerlumpt, verängstigt, mittellos ... mit gebrochenem Blick, zu viele Tote gesehen, Angst, die für zwei und mehr Leben reicht, mit blutigen Füßen, ausgemergelt, ausgehungert, kraftlos, zerschlagen ... mit dem innigen Wunsch nach Frieden ... der "Feind"! ...

Wenn man anfängt, die aktuellen "Promis" nicht mehr zu kennen, weil die wirklichen Promis mittlerweile schon gestorben sind, wird man wohl langsam alt. Mein Gott, Mick Jagger macht heute doch keine Schlagzeilen mehr!

Wenn man sich als neu Zugezogener über den Verkehrslärm in der Innenstadt aufregt, darf ich halt nicht in die Innenstadt ziehen. Ich weiß doch, was mich erwartet! Als ich einen Dreizeiler darüber für unsere Zeitung textete, wollte ich erst schreiben: "Neben den Politikern waren bei dem Rundgang auch die gestörten Anwohner anwesend.", kriegte darauf aber selber 'n Lachanfall und hab's dann doch noch umformuliert.

War letzte Woche im Flüchtlingsheim Storkower Straße 133! Die Ehrenamtlichen sind dort seit drei Wochen allein! LAGESO kommt nicht aus dem Knick! Und dann gehts unter die Haut, wenn man den Leuten zuhört! Mutter vor den Augen der Kinder durch ISIS geköpft! Kinder spielten vor ihrem Wohnhaus in Afghanistan, als das Haus einen Volltreffer durch eine Bombe erhielt und all ihre nahen Verwandten auf einmal tötete! Mann und Kinder mussten in Syrien zuschauen, wie Soldaten ihre Frau und Mutter bis zu ihrem Tode vergewaltigten! Und so ging es weiter! Nur solche Geschichten! Was die Flüchtlinge hier suchen, sind nicht Almosen, sondern Frieden!

Die deutsche Automobilindustrie hat das Rad neu erfunden! Mit Hilfe hochkomplizierter Elektronik, mit Seitenkameras, Außenradar, Abstandsmeldern, Videoüberwachung und Bordcomputern kann man künftig mehrere Vierzigtonner-LKW elektronisch an einander kuppeln! An dieser bahnbrechenden

Entwicklung arbeitet man gerade. Die deutsche Automobilindustrie lässt sich aber auch immer wieder neue schnuckelige Schnurfaxereihen einfallen! Ohne hoch-komplizierte Elektronik, ohne Seitenkameras, ohne Außenradar, ohne Abstandsmelder, ohne Videoüberwachung und ohne Bordcomputer und mit weit geringerem Personalaufwand könnte man aber auch die Vierzigtonner-LKW mit Puffern und Stahlkupplungen versehen und das ganze auf sogenannte "Schienen" stellen. Dieses wunderbare Ganze hat in Deutschland den wohlklingenden Namen "Eisenbahn" und gibt's hier seit rund 180 Jahren!

Toll! Hab doch beim Kauf meiner Büroartikel diese Woche glatt 'n echtes Schnäppchen gemacht! In allen Kalendern fürs nächste Jahr ist ein Tag mehr drin!

Nachdem man ja in den USA alles speichert, was wir je im Internet getan haben, speichert nun auch Deutschland! Das ganze nennt man: doppelte Buchführung!

Warum werden Singles ab 40 dick? Bis dahin haben die meisten Singles gelernt, selber zu kochen. Die Kartoffeln schön in Butter schwenken, noch einen Klacks Schweineschmalz über das Gemüse, Fleisch und Zwiebeln mit Zucker leicht karamellisieren, noch einen Fingerhut Rum oder Rotwein in die Soße, die man natürlich mit einer Mehlschwitze angedickt hat ... Ick weiß schon, was ich am Herd mache. Gesund ist das eher selten, aber es schmeckt!

Als ich letztens meiner Freundin Antje etwas von meinem vor sich hin mickernden Ficus erzählte, Antje ist wie ein Schmetterling, sie vermehrt am liebsten mit einem Pinsel ihre Orchideen, erzählte mir Antje etwas von einem Bewurzelungspulver für Stecklinge! Ja, sowas gibt's! Bewurzelungspulver! Ich stelle mir die Einführung eines Referats an der TU zum Thema: "Die menschliche Vermehrung durch Stecklinge" in etwas so vor: "Liebe verehrte Teilnehmerinnen und Teilnehmer, verkehrtes Publikum und Publikummerinnen. Die menschliche Vermehrung durch

Stecklinge steckt, wenn man so sagen darf, noch in den Wurzeln. Unsere Untersuchungsergebnisse hier an der TU Berlin haben ergeben, dass das von uns in einem Feldversuch an Schweinestecklingen getestete Bewurzelungspulver weder zur Wurzelbehandlung bei Zähnen noch zur Wurzelbildung an den Stecklingen selbst führt. Bewurzelungspulver hilft nicht einmal in der Mathematik! ... "

... Oh, Entschuldigung, ich wollte seine osmanische Majestät Herrn Erdogan jetzt nicht beleidigen! Vielleicht funktioniert es ja auf Krabbelaltergröße besser: Na, liebes Erdoganchen! Syrien gehört nicht mehr zum osmanischen Reich! Nein gehört es wirklich nicht! Und wenn russische Truppen in Syrien fliegen, dann schießt man die nicht so einfach ab! Außerdem, liebes, kleines Erdoganchen, der Onkel Putin hat ganz doll große Waffen! Die machen ganz doll groß Bumm! Und wenn du dann den Onkel Putin mal ärgern tust, dann macht der vielleicht auch bei dir mal ganz doll groß und ganz doll schnell Bumm! Und der Onkel Putin ist da mit seinem ganz doll Bumm machen viel schneller, als der Onkel Obama dir helfen kann. Und dann, liebes Erdoganchen, geh jetzt mal weg von dem roten Knopf! Den darfst du wirklich nicht drücken! Du darfst hier alles machen, aber den Knopf da darfst du nicht ... aber ich hau dir gleich auf die Finger ...

Das muss mir erstmal einer nachmachen: trotz relativ ungesunder Ernährung halten sich meine Zuckerwerte weiterhin im Rahmen. Aber ich muss abnehmen. Darum wurden mir jetzt "Hafertage" verordnet. Also wenn ich in meinen Sendungen künftig unkontrolliert zu wiehern anfange, wisst Ihr Bescheid! ... Ahüüüja ...

Berlin ist, wenn die Schwaben vom Kollwitzplatz gegen die Verdrängung protestieren.

Et is Silvester! Mal kieken, wer heute Abend blauer ist! Meen Karpfen oder icke?

Hamburg hat entschieden, die Hamburger haben sich entschieden, gegen Olympia in der Hansestadt! Darf ich da mal als Berliner laut lachen? Hatte nicht der Deutsche Olympische Sportbund erst vor etwa einem halben Jahr ganz knapp für Hamburg, statt für Berlin entschieden, dass sich diese deutsche Region für die Olympischen Sommerspiele 2024 bewerben darf? Ick lach mir 'n Ast! Aber, siehe Fußball-WM-2006, ohne Schiebung läuft doch im Sport nichts mehr! Und wenn es nur noch mit Schiebung läuft, laufen wir eben nicht mit! Gut so, Hamburg! Wie wärs denn mal mit Winterspielen, ... in Kuweit ... oder Oman?

In China ist Dauer-Schmock! Gesundheit, Erderwärmung, Sauerstoffgehalt sind doch scheiß egal! Hauptsache der Strom brennt.

Auftrag an die Bundes-Politik! Ich bitte schnellst möglich um ein Bundesgesetz, das Lebensmittelketten dazu verpflichtet, ab 1.Januar Schoko-Kalender mit 365 / 366 Türchen zu verkaufen!

Vorgestern 'n Döner geschossen! Muss ein Jungtier gewesen sein. Fleisch war noch sehr zart!

Glückwunsch nach Paris zum Klimaabkommen. Prima Klima auch in Lima! Bombenstimmung am Sonntag auf dem Lucia Weihnachtsmarkt bei mir am Prenzlauer Berg! Entwarnung! War doch nur 'ne Gasflasche! Vermutlich wollte nur ein Angestellter mit 'nem brennenden Feuerzeug nachkieken, ob alle Gasschläuche dicht sind! In China dreht man den Kohlestrom auf und die Luft ab! ... na dann explodiert sie wenigstens nicht! Bei Norma wird in den Filialen ab nächster Woche umgebaut! Männer mit Bärten, die wie Islamisten aussehen ... also Weihnachtsmänner ... raus aus den Regalen und dafür schon Osterhasen rein! Darf ich als Mann mal sagen, dass mir fremde Häschen lieber sind, als fremde Männer! Tja, Weihnachten steht vor der Tür. Soll reinkommen!

Willkommen bei der 63. Ausgabe von Schlag 8 heute am 7. Januar 2015 ... ihr hört ja, wie es mir seit gut einer Woche geht ... trotz

Grippeschutzimpfung … fette Bronchitis eingefangen! Ein „gesundes neues Jahr" sieht für mich anders aus! Hab vorgestern dann auch von meinem Hausarzt gleich mal eben absolutes Sprechverbot für die nächsten zwei Wochen bekommen. Gut, dann untertiteln wir hier heute die Sendung. In den zwanziger Jahren gabs in den USA mal sogenannte Flüsterkneipen! Ich versuche es heute mal 'ner Flüstersendung! … auf geht's!

Berlin - Die BVG teilt mit, dass man zum Bau der zweiten Röhre der U 5 – Verlängerung jetzt ehemalige Tunnelbauer aus dem einstigen Grenzstreifen an der Bernauer Straße verpflichtet hat. Vorteil: es ist billiger und geht schneller, als die bisherige Bauweise. Ob man zur Überwachung dieser Bauarbeiten extra noch ein paar ehemalige Grenzsoldaten der DDR reaktiviert, war der Meldung nicht zu entnehmen.

Wien - Nach dem Debakel beim Eurovision-Song-Contest stellen wir mal fest: Wien und Berlin sind endlich wieder brüderlich vereint. Lagen die Null-Punkte daran, dass wir letztlich doch nur 'n B-Song dort hin geschickt haben? Fakt ist: von diesem Platz kann es nur noch aufwärts gehen. Wetten, dass das den großen Plattenkonzernen vollkommen schnurz ist, denn die machen in jedem Fall ihren Reibach!

Zickenwiese - Der BND sucht derzeit Männer und Frauen in unauffälligem Alter und unauffälligem Dress, der oder die "Freundschaftsbesuche" in Österreich, Berlin oder Moskau macht. Er, sie oder es sollte schon von hause aus eine angenehme, unauffällige Erscheinung sein und kreativ arbeiten können. Außerdem sollte der oder die Gesuchten in der Lage sein, handschriftliche Mitteilungen selbst zu verfassen und diese auch von Hand zu Hand weiter geben zu können, weil Internet und Telefonie scheidet ja wegen abhören aus. Und, als ganz große Besonderheit, er, sie, es sollte kein Vegetarier, oder gar ein Veganer sein, damit er, sie, es bei den zu erledigenden Aufgaben nicht so schnell ins Gras beißt!

Zürich - Letzte Nacht wurden in Zürich sechs Bandenmitglieder einer kriminellen Vereinigung in einem Hotel verhaftet. Sie sollen unter anderem wegen Korruption, Menschenhandel und Drogendelikten mit Aufputschmitteln an die amerikanische Justiz ausgeliefert werden, die diesbezüglich schon länger in diesem Falle ermittelt. Die kriminelle Vereinigung heißt FIFA!

***

aus 2016

Die FDP-nahe Friedrich-Naumann-Stiftung (Wer zum Teufel ist eigentlich die FDP?) bemängelt in einer Studie das "unfreundliche Investitionsklima" in Berlin. Eines der Hauphemmnisse für Wirtschaftsinvestitionen seien unter anderem "die staatlich verordneten Sozialleistungen an Arbeitnehmer". Die FDP wünscht sich "diesbezüglich mehr Freiheit". Die FDP muss man doch einfach lieb haben, oder? Ich warte eigentlich nur noch auf eine Idee der FDP, die die Abschaffung von Löhnen und Gehältern an sich fordert, denn die Zahlung von Löhnen und Gehältern mindert bei genauer Betrachtung Firmen-Gewinne gewaltig!

Pjöngjang - Die ruhmreiche Demokratische Volksrepublik Korea, von amerikanischen Agenten und dekadenten westlichen Medien auch Nord-Korea genannt, teilt mit, dass der Sieg des Kommunismus auf der Welt, dank der eigenen Wasserstoffbomben, nicht mehr fern ist. Gleichzeitig drückt das Außenministerium der Demokratischen Volksrepublik Korea der Berliner BVG ihren Dank für die technische Qualität der noch immer in der Koreanischen Hauptstadt Pjöngjang fahrenden früheren Berliner U-Bahnzüge aus, die 1987 einst als Spende der Westberliner Werktätigen und Arbeiter in die Hauptstadt der DDR als Schrottzüge überführt wurden und die Berlin 1992 Pjöngjang solidarisch spendete. Die Wagen sind mittlerweile gut fünfzig Jahre alt und damit älter als der ruhmreiche Oberste Führer Kim Jong Un! Um sich gerade Europa weiter anzunähern, hat das Außenministerium der Demokratischen Volksrepublik Korea zum Jahreswechsel auch einige Einreisebeschränkungen für westlich dekadente Künstler aufgehoben. So erhalten die Beatles ab sofort für all ihre Bandmitglieder, natürlich nur alle vier gleichzeitig, eine unbefristete Einreise- und Auftrittserlaubnis für Pjöngjang.

Wetter – ich kann nicht anders! Die S-Bahn fährt bei Schnee mal wieder nicht, wir sind hier schließlich nicht in Sibirien, sondern fast schon an der Cóte d'Azur und für Sibirien waren diese S-Bahnzüge schließlich nie ausgelegt. Das Salz der BSR ist für diese tiefen Temperaturen gleichfalls nicht gemacht. Null-Grad wären schön! Wo bleibt eigentlich die Klimaerwärmung? Fußwege werden nur bei Tageslicht gestreut. Im Dunkeln sieht man schließlich die Hinschlagenden nicht mehr so genau, darum braucht man Nachts die Gehwege nicht rutschfest zu machen. Und Radwege werden gleich gar nicht geräumt. Das alles führt dazu, dass das wenige, was dann noch von den fleißigen Bienchen der BVG in Fahrt gebracht wird, natürlich knacke voll ist. ... alle Jahre wieder ...

Tolle Meldung, mit der uns die NASA am Dienstag neckte! Zitat: "Wasser im Weltall entdeckt". Ich warte eigentlich nur noch auf die Meldung: "Wasser im Atlantik entdeckt". ... Weil, na von irgendwo muss das Wasser, was wir hier haben, ja mal her gekommen sein. Ich vermute, es kam aus dem Weltall! Saurier haben es sicherlich nicht aus dem Nichts ausgepupst.

Wenn der Berliner am grantelnsten ist, gehts ihm am besten.

Lieber gleichgesinnt, als gleich gesonnt!

Auch ich bin gegen die Massenhaltung von Tieren und fordere deshalb für jede Biene ihren eigenen Stock!

Auf Werbetafel einer Supermarktkette, genau bei denen, die angeblich Lebensmittel so lieben, hing letzte Woche folgende Werbung: "Ein Kilogramm Thüringer Mett, nur 2,99 € - Valentins-tag ist der beste Moment, einem geliebten Menschen zu sagen, wie gern man ihn hat. Bei uns finden sie das passende Präsent dafür."

Wer kommt denn auf die Idee, seinem, seiner Liebsten am Valentinstag ausgerechnet ein Kilogramm Mett zu schenken! Das deutet doch nur all zu sehr auf eindeutig fleischliche Gelüste! ... und sowas in der Fastenzeit! Man könnte dann ja auch deuteln, was dann noch die Fleischsorte über den mit Mett Beschenkten aussagt! Kommt's vom Schwein oder vom Rindvieh? Aber wahrscheinlich dreht man in dieser Supermarktkette einfach nur gern durch.

Da lese ich doch letztens in einem dieser Anzeigenblätter die Schlagzeile: "Die Rechte der Praktikanten" Und, woran denke ICH dabei als erstes? Verdammt, jetzt gibt es Rechte schon überall! Selbst unter Praktikanten gibt's Nazis!

Die CDU in Schleswig-Holstein will für Kantinen die Schweinefleischpflicht einführen. Na das wird ja alle Vegetarier, Veganer freuen! Wo doch jetzt schon überall Schwein drin ist. Hab letztens 'ne Kalbsleberwurst gekauft ... also für alle, die es nicht wissen, ein Kalb ist ein junges Rind ... und was lese ich da auf der Zutatenliste: mindestens sechzig Prozent Schweinefleisch! Na, Hauptsache ist, es bleibt vegan.

Glyphosat im Bier, Glykol im Wein, Nitrate in Kindernahrung, Ratten- und Mäusekot im Mehl von Toastbrot. Hatte letztens ein garantiert zuckerfreies Erfrischungsgetränk mit Birnengeschmack! Das schmeckte vor allem nach "Zuckerfrei"! Und ich dachte immer, dass wenigstens der Nahrungsmittelindustrie aus verständlichen Gründen daran gelegen sei, ihre Kunden möglichst lange am Leben zu erhalten. Da muss ich mich wohl geirrt haben. Wo wären wir, ohne unsere großartige Chemie-Industrie! Na, Hauptsache, alles bleibt schön vegan.

Achtung, diese Sendung kann Spuren von Erdnüssen enthalten! ... muss aber nicht!

Hatte letztens zwei nette, ältere Damen bei meiner Führung. Als es ans bezahlen ging, ich mache die Touren ja auf Spendenbasis, da tuschelten die beiden miteinander so von wegen, was geben wir denn nun da zusammen und die eine zückte schließlich einen Zehn-Euro-Schein. Und da meinte die andere: "Zehn Euro für uns beide für zwei Stunden laufen! Das ist doch viel zu viel! Überleg mal, das sind ja fast zwanzig D-Mark oder umgerechnet einhundert DDR-Mark!" Sie gaben dann jeder zwei Euro's. Nun bin ich ja mal auf den Gesichtsausdruck meiner Bäckerin gespannt, wenn ich ihr am nächsten Sonntag für meine beiden üblichen Schrippen zusammen nur einen Cent geben möchte!

Lieber Herr Schäuble, ihre Idee mit der Rente mit siebzig finde ich ja fast noch besser, als die Idee so mancher schmarotzender Sozialverbände, Beamte mit in die Sozialkassen einzahlen zu lassen, um das System zu retten. Letzteres würde allerdings wirklich und nachhaltig funktionieren, hat mal wer ausgerechnet. ... Ich glaube, es war sogar ihr Ministerium! Und so schließe ich mich jetzt Ihnen, Herr Schäuble, einfach mal an und fordere auch die Rente mit siebzig, allerdings nur unter folgenden Voraussetzungen: Man muss dann mindestens fünfundfünfzig Jahre gearbeitet haben, darf weder in den Vaterschafts-, noch in den Mutterschaftsurlaub gegangen sein, darf keinen Grundwehrdienst gemacht haben, muss mindestens dreißig der fünfundfünfzig Berufsjahre in ein und der selben Firma ununterbrochen auf dem selben Arbeitsplatz geschindert haben und man muss wenigstens vier Kinder und acht Enkel haben, die einen im Notfall dann noch durchbringen. Herr Schäuble, machen wir das so?

Die Bundeswehr verlegt Einheiten an die Ostgrenze der NATO nach Litauen. Der Wehretat wird erhöht. Granaten-Uschi will die Mannschaftsstärke der Bundeswehr erhöhen. Es heißt, die Zeiten der Abrüstung seien beendet. ... ähm ... Frage ... sollte man jetzt schon mal beginnen, sich Sorgen zu machen und Lebensmittel einzulagern? ... Ist ja nur 'ne Frage! ...

Wer hat den Längsten? Na, die Schweizer, ... also Tunnel ... merke: nicht nur Schweizer Käse ist löcherig!

Satire über die Nato-Manöver im Baltikum? Wir wissen doch, wie humorlos das Militär ist.

Satire über Fußball? Lasst mich bitte mit Fußball zufrieden. Nirgends ist der Informationsgehalt niedriger, als bei den stundenlangen Vor- und Nach-Berichterstattungen in den Medien über das soeben gezeigte oder bevorstehende Spiel. Hätte der nicht, dann hätte der andere gekonnt, oder auch nicht. Aber der Punkt bei dieser Art Berichterstattung ist, möglichst viel Sendezeit möglichst billig zu füllen, denn die Übertragung des Spiels ist schließlich teuer genug! Mal ehrlich, Fußball macht doch am meisten Spaß, wenn man ihn selber spielt.

Hab beim Fußball bei der EM jetzt was dazu gelernt. Der immer wieder mal ausgesprochene Satz im Fernseh-Kommentar: "Der Spieler xyz läuft nicht ganz rund." sorgte bei mir für doch eine gewisse Erheiterung! Aber, sein wir mal ehrlich, dass was diese Fußballspieler allein für diese EM jeder persönlich an Geldern einstreichen, steht sicher in keinem Vergleich zu ihrer tatsächlichen Leistung! Jeder Krankenpfleger, jede Altenpflegerin leistet da mehr!

Da die Berichterstattung über Terroranschläge und ähnliche Veranstaltungen in den Medien hohe Einschaltquoten garantieren, hat sich jetzt die namhafte Produktionsfirma I.S. dazu entschlossen, künftig spezielle Folgen auch für das deutsche Fernsehen zu produzieren. Also, schalten Sie nicht ab, sondern bleiben Sie dran, denn der I.S. erwischt auch Ihren Mann! Telebingo gibt's erst wieder nächste Woche und das fröhliche Eiersuchen mit Onkel Hasi ist auf Ostern verschoben.

Wer sich freiwillig mit den Schweinen in der Jauchegrube suhlt, darf sich nicht wundern, wenn andere ihn für Scheiße halten.

Seit ein paar Tagen gilt die Tütchenpflicht für Hundehalter! Das finde ich jetzt aber ungerecht! Ich fühle mich echt diskriminiert! Warum ist Cannabis nur für Hundehalter frei gegeben. "Hey, ihr

Fiffi scheißt mir hier gerade vor die Füße!" "... zisch ... bleib mal ganz ruhig, Keule ... zisch ... meinst du ... zisch ... ick lass meen Fiffi auf das Grass in meinen Tütchen scheißen? .... zisch ...."

Das Ding mit der Denkzettelwahl ist, wie wenn man sich einbildet, man habe Zahnschmerzen und man sich, um den Schmerz zu betäuben, 'ne Hand abhackt, um danach festzustellen, dass man ja eigentlich gar keine Zahnschmerzen hatte, aber die Hand ist nun für immer ab.

Muss mich schon mal vorab entschuldigen. Mir ist am Montag meine Lesebrille zerbrochen. Die neue gibt's erst morgen. Ich taste mich hier heute durch meinen Text! - Achtung, diese Sendung heute kann auch geringe Mengen von Clara West enthalten!

"Herzlichen Glückwunsch! Hier ist die Gratis-Lotto-Gewinnspiel-Überraschung-Abzock-Verkaufs-Lotterie! Sie sind von uns ausgewählt worden und haben einen Maybach-Daimler-Audio-BMW mit Rollce-Royce-Opel-VW-Motor im Melkus-Design gewonnen!", höre ich in den letzten Tagen immer öfter, wenn ich vom Klo ans bimmelnde Telefon hechte. Wer fällt denn auf sowas noch herein? Meint da wer, jetzt, ad hoc, würde jemand, in genau diesem Moment, ein Lotto- oder Zeitungsabo abschließen? So frei nach dem Motto: "Ach, was hab ich denn heute bisher gemacht? Ordentlich rasiert, jut jekackt und mir die Haare auf den Zähnen gebürstet hab ich, aber ein Zeitungsabo hab ich heute noch nicht abgeschlossen!" Und was bitte, sind das für Firmen, die sowas anbieten? Steckt dahinter etwa das Finanzministerium mit Herrn Schäuble, die einfach nur ein bisschen Geld abschöpfen wollen? Oder steckt dahinter etwa die NSA, die von den Chem-Trails ablenken möchten? "Hier ist die Herzchen-Bingo-Supergewinn-GmbH! Sie haben ein echtes veganes Fleischermesser mit Suizidklinge im praktischen Langschwertdesign und einen Superoldie gewonnen!"

Wenn ein Schlagersternchen (Beatrice Egli) in einer Talkshow (Riverboat) letzten Freitag von sich selbst behauptet: "Auf meinem neuen Album merkt man ganz deutlich, dass ich immer mehr zur Musikerin werde.", so wirft das für mich Fragen auf! Selbsterkenntnis ist der erste Schritt zur Besserung? Ein Schlagersternchen mutiert plötzlich zum Musiker? ... Niemals!!! Was hat die bisher eigentlich so auf der Bühne gemacht?

In Berlin hat man jetzt festgestellt, dass hier die Mieten viel stärker steigen, als die Einkommen der Mieter. Ach was! Tariflichen Einkommenssteigerungen von zwei bis drei Prozent alle drei Jahre stehen doch schon immer normale Mietsteigerungen von fünfzehn bis zwanzig Prozent im selben Zeitraum gegenüber.

Von "Beschuhschussung" redet man dann, wenn einen wer mittels Knalleffekt aus den Latschen hebelt.

Bin heute morgen mitten in diesem Satz von meinem Wecker aus dem Schlaf gerissen worden: "Indianer legen gerne Wasser in ihre Spankörbe und braten es." Möchte gerne wissen, was ich da wohl vorher geträumt habe.

Übrigens: Bauch einziehen hilft zwar sicher für eine Zeit lang im Freibad, aber leider gar nicht auf der Waage!

Machen wir es in Leinöl .... ähm ... in Liebe ... in Liebe.

Also unter uns Grünkernlingen und Bananen-Fetischisten, ich kann mir beim besten Willen nicht vorstellen, wie man freiwillig und ohne Zwang "herzhaft" in eine garantiert fleischlose Salami beißen kann, selbst wenn das verwendete Biogemüse, auch Matsch genannt, zertifiziert aus freilaufender Bodenhaltung stammt.

Barak Obama weilt derzeit in der Stadt. Gestern Abend dann ein Dinner unter vier Augen ... bei Kerzenschein? ... mit Muddi. Was da wohl geredet worden ist? Barak, auf französisch: "Angie, Liebling, du darfst nicht noch einmal Bundeskanzlerin werden! Wenn Du nicht mehr antrittst haben wir ab in einem Jahr Zeit für uns! ... und wir wollten doch noch Kinder kriegen, in den

Elternbeirat eintreten und einen Ausritt mit meinem Gaul Hacke-Horse machen!" Und Angie darauf: "Also der Siggi, also mein Siggi hat gesagt, was hat der denn noch gleich gesagt, also mein Sozen-Siggi hat gesagt..." Darauf Barak: "Mon Cher, was hast du bloß mit deinem Siggi?"

In der Kantine gibt's heute Steak vom Jungbullen! Na nicht, dass der Küchenchef jetzt unter die Polizistenmörder gegangen ist!

Wie lautet die technische Einheit, für geringen, älteren Widerstand? Ömchen!

"Ich kann so nicht arbeiten!", rief der Arbeitslose, als man ihm im Jobcenter mal wieder keinen Job gab.

Mein Jobcenter-Maßnahmeträger macht so lustige Dinge mit uns, dass einem das Lachen im Halse stecken bleibt. Tolle Spielchen für Vorschüler – ich werfe einen Ball und sage meinen Namen. Na, wie heiße ich wohl heute! Oder, damit Kreative und Freiberufler endlich mal quer und kreativ denken, löst man in der Gruppe Kreuzworträtsel. Das sind so Momente, in denen einem fast der Kopf platzt und in denen man sich fragt, warum man an diesem Morgen überhaupt aufgestanden ist. ... und bei diesen "kreativen" Dingen bitte die Handys aus ... und nicht so laut gähnen, denn das stört die Dozentin! Und wenn sie gähnen und alles langweilig finden, können sie ja freiwillig nach hause gehen. Das Jobcenter wird sie dann schon wieder aufmuntern. ... ich mag nicht mehr ...

Die Vogelgrippe ist in Berlin! Hat der Pleitegeier jetzt Stallpflicht? Darf ich die nächsten Wochen zu hause bleiben? Werden die Bremer Stadtmusikanten und die "goldene Gans" jetzt aus Berlin verbannt? Kriegen Spatzen jetzt auch in Tempelhof Flugverbot? Muss man sich jetzt impfen lassen, bevor man zu Weihnachten die Gänsekeulen frisst? Und welches Tier ersetzt jetzt als Kinder-Bringedienst den Storch? ... naja, die Storch kann es ja nicht sein, denn die Storch ist ja nur ein Kinderschreck! ... Wer hat Angst vor'm braunen Storch? ...

Mein Kumpel Udo hat Depressionen, darum ist er jetzt Weinexperte.

***

aus 2017

Da bin ich doch, wirklich an Silvester beim durchzappen am Fernseher in der Helene Fischer Show beim ZDF kurz hängen geblieben. Es war ein VERSEHEN!!! Und Helene Fischer machte da gerade folgende Moderation: "... dies ist einer der Songs, die ich immer höre, wenn ich in der Küche ...." ... Pause ... "...wundervolle Dinge mache ...." Kopfkino: Was könnte Helene Fischer wohl in ihrer Küche an "wundervollen Dingen" machen? Singen wird es ja wohl nicht sein, sonst wird sie von ihrer Haushälterin vermöbelt. Kochen, backen, den Herd schrubben wohl auch eher nicht. Was für "wundervolle Dinge" macht Helene Fischer wohl in ihrer Küche? Lasziv am Mixstab lecken? Ihren Mann verprügeln? Ihren Hund mit vegan gemästeten, lebenden Hühnerküken füttern? Ihre Katze kastrieren? Oder billigsten Fusel saufen?

Diese Knallerei an Silvester. Werde ich langsam alt? Mittlerweile stehe ich lieber nur noch daneben und freue mich darüber, wie die, die das ganze Jahr über darüber meckern, dass sie kein Geld haben, ein halbes Monatsgehalt verpulvern. Unverständlich ist mir indes die Tatsache, wie man als Stadt an diesem einen Tag durch diese ganzen Knallkörper ein Viertel der gesamten Jahres-Feinstaub-Belastung in Kauf nehmen kann. Wo ich auch nicht mehr mitgehen kann, ist, warum man nun auch noch bis drei Tage nach Silvester mit diesem Knallzeugs herum ballert. Leute, das ist kein Mut, den ihr da zeigt, sondern reine Dämlichkeit. Versetzt euch doch mal in die Lage eines häuslich gehaltenen Hundeköters, einer miezenden Miezekatze oder eines einhornigen Büffelhamsters im nächsten Park, was die für Ängste auszustehen haben. Mut wäre es, wenn ihr Euch von der Bundeswehr anwerben lasst, um mal ein halbes Jahr lang Nachts nackt durch Kabul zu wandern. Mut wäre, nach Aleppo um zu ziehen, im Trump-Tower mit einer Che Guevara Flagge herum zu wedeln, Euer Feuerwerk auf einer Hauptstraße in

Bagdad zu zündeln, mit einem Inder Rindswürstchen zu essen, in die Französische Fremdenlegion, in den Elternbeirat der nächsten Grundschule einzutreten oder Sozialdemokrat zu werden. Das ist Mut! Aber nicht dieses feige rumballern.

Allen Hausbesitzern und Vermietern, die ihre Gehwege und Innenhofe nicht von Schnee und Eis räumen, wünsche ich erstmal Hals und Beinbruch!

Nicht nachvollziehbar für mich: die Ladys, die letzte Woche vor mir den Biomarkt am Senefelder Platz betraten, die eine im Nerz, die andere im Rotfuchs. Na Hauptsache, die Pelze kamen von glücklichen Tieren, die vegan ernährt wurden, bevor man ihnen das Fell vom Körper zog. Für alles andere geht man natürlich in den Biomarkt.

Neue Kundenverarsche bei Aldi-Nord: Bio-Ingwer 200 g aus Peru ... aus PERU!!! ... und damit ist wahrscheinlich nicht das Peru - die Landzunge im Darßer Bodden an der Mecklenburger Ostseeküste gemeint. Bio-Ingwer aus Peru! Vermutlich hat das Fliegezeug mehr Kerosin oder das Frachtschiff mehr billigstes Schweröl beim Transport meiner 200 g Bio-Ingwer aus Peru in die Luft geblasen, als mein 2-Takt-Roller an Umweltgiften in zehn Jahren. ... aber Hauptsache alles bleibt bio!

Oh, wie ich das hasse: Familienausflug zum Onkel Doktor!
Oma, Opa und Papa
Und deren ganze Kinderschar...
machen mit der Familienmeute,
Einen Doktorausflug heute!

Leider immer öfter beobachtet, dass man als mit Terminen angemeldeter Patient keinen Sitzplatz im Wartezimmer mehr bekommt, weil man mit der gesamten Familie, egal ob das nun, Neusiedler, Umsiedler, Einsiedler oder Ursiedler sind, einen Ausflug zum Onkel Doktor macht. Muddi braucht 'n neues Rezept, darum nimmt sie ihr Kind mit, Oma und Opa haben außerdem

Langeweile und kommen auch mit und Papa rückt den Autoschlüssel nicht raus, kommt darum auch mit und weil man die Schwiegereltern so selten sieht, verabredet man sich auch gleich noch mit denen, natürlich im Wartezimmer vom Onkel Doktor.

Wurde letztens von einem Hörer gefragt, warum ich ausgerechnet Sozialdemokrat geworden bin. Na ganz einfach: für die Linken bin ich zu grün, für die Grünen zu links und für die Schwarzen bin ich zu rot. Da bin ich doch in der SPD bestens aufgehoben. Außerdem gehört heute Mut dazu, sich öffentlich zur Sozialdemokratie zu bekennen.

Donald Trump ist nun also US-Präsident. Sein Reichtum ist Gott gegeben. - Ha-ha! - Aus Trumps Antrittsrede hab ich mir gemerkt: Amerika den Amerikanern, kauft nicht beim ... sondern nur noch beim Amerikaner, wir Amerikaner sind das größte Volk der Welt, wir werden Autobahnen bauen. - Warum kommt mir das so bekannt vor? Deutsche Geschichte?

Mich hat übrigens letztens noch eine Hörerin gefragt, ob ich denn auf meinem Motorroller auch mit Handschuhen fahre. Natürlich fahre ich mit Handschuhen! So, wie ich fahre, darf ich doch auf gar keinen Fall Fingerabdrücke hinterlassen!

Kiffer-Spruch der Woche:
Bevor wir uns betäuben, lass mich dich erst bestäuben!

Der OKbeat mit einer ganz besonderen Ausgabe heute, denn dies ist die letzte Ausgabe aus der Voltastraße im Wedding. Ab in zwei Wochen soll aus der Rudolfstraße am Friedrichshain gesendet werden. Dazwischen gibt's nächste Woche 'ne Konserve vom Prenzlauer Berg!
Also mir wird das Container schieben zwischen 13 und 14 Uhr auf dem Hof am neuen Standort schon fehlen! Aber vielleicht versteht ihr ab der übernächsten Ausgabe im OKbeat nur noch Bahnhof, weil dann alle fünf Minuten Durchsagen direkt live vom U- oder S-Bahnhof durch die Fenster scheppern: "blabla Warschauer Straße

... blablabla Gleisdreieck ... über blabla ... Ostkreuz und Voltastraße"

Donald Trump berichtete in einer Rede am 18. Februar, dass es am Tag zuvor, am 17. Februar, in Schweden ein Vorkommnis mit Asylbewerbern gegeben haben solle. Schwedens Regierung kommentierte mit: "Uns ist nichts von einem solchen Vorfall bekannt." User auf twitter kommentierten hämisch: "Da ist wohl bei Trump ein IKEA-Regal eingefallen." Während der US-Präsi die Medien angreift mit den Worten "alle Medien lügen", während dessen lügt er selbst nachweislich! ... lässt sich beim Lügen erwischen und beschuldigt die Medien deshalb der Lüge. Was für eine irre Logik! Das ist wie dieser kleine Ganove, der sich im Supermarkt beim Klauen erwischen lässt, und der auf den Filialleiter zeigt mit den Worten: "Das ist der Dieb!", während ihm die geklaute Flasche Schnaps noch halb aus der Jackentasche hängt. Alle anderen sind Verbrecher und Lügner, nur der Verbrecher und Lügner selbst nicht!

Kantinen-Anmach-Spruch der Woche: Essen sie ihre Hotdogs, so lange ihre Dogs noch hot sind!

Wusstet ihr, dass Erdogan und Trump über übersinnliche Kräfte verfügen? Ja, sieh sehen beide Gespenster!

Hätte mir jemand vor dreißig Jahren erzählt: "Ey Alter, ick muss mir mal meine Mehls ankieken!", hätte ich ihn gefragt, ob er Konditor, Müller oder Bäcker ist.

Vorgestern hab ich, mit der Absicht einen dvbt2-reseiver käuflich zu erwerben, einen dieser großen Electronic-Fachmärkte betreten. Als ich mich in der entsprechenden Abteilung des Marktes umsah, stürzte gleich ein Fachverkäufer beflissentlich auf mich zu, offenbar mit dem dringenden Wunsch, mich unbedingt beraten zu wollen. Aber ich bin ja relativ Werbe- und Beratungsresistent. "Das hier sind also alles DVBT2-Receiver?", fragte ich. Ein simples JA hätte mir schon ausgereicht. Ich griff gleich nach dem billigsten,

denn immerhin hat mir diese Kette jahrelang eingehämmert "Geiz ist geil". Nun trat jedoch der Verkäufer in Aktion. Er: "Ja, damit können sie aber nur die öffentlich-rechtlichen sehen." Ich: "Mehr brauche ich auch nicht." Er: "Aber dann können sie keine privaten sehen! Sehen sie mal, für nur 25 € mehr können sie dann auch die sehen." Ich: "25 € sind manchmal ein ganzer Tagesverdienst für mich." Er: "Ja, aber dann können sie nicht mehr Sat-1 und RTL und so sehen!" Ich: "Da ich die ja dann auch noch extra bezahlen muss, will ich die auch nicht sehen." Er: "Sie wollen nicht die privaten sehen?" An der Stelle brach ich das Gespräch dann ab. Ich soll bei dvbt-2 extra dafür bezahlen, um weiterhin Fernsehen zu sehen, das aus einem Drittel Werbung und zwei Drittel inhaltlich primitivstem Mist besteht? Nicht mit mir!
"Für nur 6.91 € monatlich können sie ihre Privatsender kostenlos sehen." Finde dem Fehler!

Klimawandel? Gibts für US-Präsi Donald Trump doch nicht. So lange sein Kühlschrank immer noch ausreichend Eiswürfel für seinen Bourbon produziert, ist für den die Welt doch in Ordnung!
Laut ZDF-heute-Kommentar von vorgestern lügt übrigens Donald Trump nicht, sondern spricht "flexible" Wahrheiten aus"! Also Herr Polizeikommissar, ich bin nicht verkehrt herum in die Einbahnstraße gefahren, die Einbahnstraße war nur in die falsche Richtung ausgeschildert! Ich habe die Bank nicht ausgeraubt, ich dachte, die Tresortür wäre die Tür zu meinem Badezimmer und eh ich auf dem ganzen Geld in meinem Badezimmer ausrutsche, hab ich es erstmal in mein Fluchtauto hinaus getragen und vorübergehend dort deponiert! Ich habe die Frau nicht vergewaltigt, ich habe sie nur deshalb gefesselt und geknebelt, weil sie vor Freude mich so hautnah zu spüren, so laut geschrien hat! Und ich wollte ja nun ihre Nachbarn nicht unbedingt an unserem intimen Liebesspiel teilhaben lassen! Flexible Wahrheiten! ... was für ein schöner Begriff!

Donny Trump hat übrigens keine Vorurteile gegenüber der arabischen Welt, deshalb hat er auch sein Außenmysterium angewiesen, ihm einen original fliegenden Teppich in Persien zu besorgen und Aladin mit seiner Wunderlampe als Berater aufzusuchen und einzustellen.

Der ESC, der vorletzte Platz ist hausgemacht! Stefan Raab hatte ja damals für Lena im Ausland eine große Werbekampagne gefahren. Wenn man sich aber scheut, dafür Geld auszugeben und der Song und der Interpret außerhalb Deutschlands unbekannt ist, kann es ja mit mehr Punkten beim ESC nichts werden. Außerdem, unser Song beim ESC von, wie hieß sie doch gleich, war sicherlich perfekt produziert, perfekt inszeniert, perfekt interpretiert. Eine perfekte Produktion ist ja für Industriewaren Made in Germany nur von Vorteil, aber ein ESC-Song darf nicht stromlinienförmig sein, sondern er muss kantig sein und muss gleichzeitig aus dem Bauch gerotzt sein.

Übrigens will die CDU unter einer Kanzlerin Angela Merkel, laut deutschem Wirtschaftsminister Wolfgang Schäuble, nach der Bundestagswahl in Europas Finanzpolitik eine radikale Wende um 360 Grad machen, so die CDU-Zentrale.

Hab gestern irgendwo noch ein Schild gesehen, ... ich muss schon mächtig durch den Wind gewesen sein und lese: "Trink Wasserfilter!" ... und überlege dabei noch, warum man jetzt ausgerechnet Wasserfilter trinken soll, 'ne schöne Berliner Weiße ist doch viel leckerer!

Die CDU will alle Karl-Marx-Straßen in Ostdeutschland abschaffen, so eine Meldung von Berliner Morgenpost und, Obacht, Bayernkurier vom August letzten Jahres. Neu und seit gestern bekannt ist, dass Junge Union und junge Liberale im Rhein-Main-Gebiet nun dort alle Karl-Marx-Straßen in Helmut-Kohl-Straßen umbenennen wollen.
Daran merkt man mal wieder, wie schädlich sich Alkohol bei diesem Wetter auf die Birne gerade von jungen Menschen auswirkt. Vielleicht könnte man ja in Berlin eine weitere der vielen Berliner Straßen nach Kohl benennen. Vielleicht Kohlweg oder Birnen Avenue!

Merke, wer Stillstand will, wählt CDU! Die Sozialdemokraten liefern wenigstens, die anderen merkeln!

Igitt, ich kann das immer nicht nachvollziehen, wie man schon am Vormittag mit 'ner Buddel Billigstbier in der Hand durch den Prenzlauer Berg schießen kann. Eh man nach dem Frühstück Sternburg-Bier säuft, kann man sich doch eher beim Aufstehen im Bad puren Alkohol gleich intravenös selbst verabreichen. Das brummt schneller und erspart einem das Schlucken billigsten Industriebiers und dessen schlechten Nachgeschmack!

Mal noch ein Hinweis an diese ständig lächelnden Leute am Prenzlauer Berg: den Kindern beizubringen, sich auf dem Fahrrad den Weg auf dem Bürgersteig frei zu klingeln, halte ich für pädagogisch höchst fragwürdig! Bin mit zwei dicken Bündeln Zeitungen unterm Arm vorgestern von 'ner Horde Kurzer fast über den Haufen gefahren worden. Aber anstatt ihre Sprösslinge zu stoppen rief deren Mama ihnen zu: "Wenn der Mann nicht aus dem Weg geht, müsst ihr eben klingeln!"

Übrigens der türkische Ministerpräsident Erdogan weiß auch, woran es liegt, dass meine Sozialdemokraten und die CDU bei der Bundestagwahl so verloren haben, und zwar wegen unserer Türkei-Kritik. Tja, mit einer "Einheitsliste" für eine Einheitspartei wären Stimmenverluste ja gar nicht erst vorgekommen. Immer diese blöde Demokratie, wo man vor den Wahlen nie weiß, was nach den Wahlen bei raus kommt. Irgendwie sollten wir Sozialdemokraten einfach aufhören, nett zu sein.

Lieber 'ne schöne Intrige, zum Nachtisch, als gar kein Komplott!

Für den chronischen Bild- und Tonausfall unserer Studios auf der Insel Helgoland möchte sich alex-berlin bei euch entschuldigen, zumal eine Reparatur recht schwer fällt, einfach weil es alex-Studios auf der Insel Helgoland gar nicht gibt.

Satire. ... Satire? ... Ich bin gerade frisch verliebt! Meine Liebste ist die beste, angenehmste, interessanteste, zauberhafteste, sinnlichste Frau der Welt. Da wird alles andere auf der Welt nebensächlich!

Ach ja, diese Novembergedichte sind immer so unfröhlich!
Im tiefen Tale sitz ich hier,
ich hätt ganz gern ein zweites Bier,
das Aug der Kellnerin ist trüb
und ich werde langsam auch schon müd.
So trüb und öde ist es hier
und auch so schwarz, wie dieses Bier!
So dunkel ist es hier am Tage,
am liebsten sterb ich, ohne Frage.

In den USA gibt's derzeit eine Heroin-Krise! Nee, nee, ist ja alles da, aber gerade das ist das Problem und genau deshalb hat US-Oberjunkie und Präsi Donald Trump dort den Notstand ausgerufen. Ist Drogenabhängigkeit in den USA bei diesem Präsidenten denn ein Wunder?

Ja! Tschakka! Wir können es schaffen! Wir können unsere Klimaziele schaffen! Air Berlin ist die erste Airline, die weltweit seit vier Wochen keinen Schadstoffausstoß mehr hat! Heute fliegt man mit Air Berlin wie im Traum!

Endlich! Die Lösung ist so nahe! Die seit 1930 geplante und winzigen Teilen sogar schon fertige U-Bahn nach Weißensee brauchen wir ja gar nicht! Wir nieten ganz einfach den Fernsehturm um, dann können wir mit dem Fahrstuhl nach Weißensee fahren!

Liebe Medien, wenn ihr die Groko wollt, warum prügelt ihr dann ständig vor und nach der Wahl auf uns Sozialdemokraten ein? Liebe Leute, wenn ihr die Groko eigentlich schon immer wolltet, warum habt ihr uns Sozis dann nicht gewählt? Hey, Schmidtie, zuviel Glyphosat jesoffen, wa? Unkrautvernichtungsmittel fürs Unkraut, das könnt ihr jetzt verstehen, wie ihr wollt!

***

aus 2018

In Oranienburg gibt's keine Polizei, sondern nur Bullerei. Also einen Berliner mit einem offensichtlichen Mietwagen anzuhalten und ihn als erstes zu fragen, ob er Drogen genommen hat, nur weil er sich in euren komischen Ortsteilen Nachts, im Dustern, nicht wirklich auskennt und auch mal etwas plötzlicher, nicht aber rasanter, um eine Ecke fährt, ist doch 'ne Frechheit! "Wann haben sie denn das letzte getrunken?", fragt er. Ich sage: "...ähm ... vor anderthalb Jahren!" "Sie sehen so verschwitzt aus, welche Drogen haben sie genommen?", fragt er, ich sage: "Ibuprophen, denn ich hab 'ne Erkältung." Also von Freundlichkeit bei diesen Bullen überhaupt keine Spur. Liebe Polizei in Oranienburg, das nächste mal lass ich euch wirklich einfach auflaufen! War ja jetzt schon kurz davor! Dann hab ich den Spaß und ihr die Arbeit! Berliner Polizei ist immer cooler und netter!

Es ist übrigens ein großer Unterschied, ob einen der Polizist bei der Verkehrskontrolle oder die Krankenschwester am Bett fragt: Na, wieviel haben sie denn heute getrunken?

Liebe aus welchen Gründen auch immer, einfach zu entziehen, ist garantiert der beste Weg, einen Krieg anzuzetteln!

Gegen zu viel Waffen an amerikanischen Schulen helfen nur noch mehr Waffen an amerikanischen Schulen! Ist genauso, wie wenn man Durst hat! Gegen zu viel Durst hilft schließlich auch nur die Durchquerung der Sahara zu Fuß. Danach hat man nie wieder Durst, das weiß doch jeder! Also zumindest weiß das jeder, der Donald Trump heißt und US-Präsident ist!

Stand am Sonntag mit den Teilnehmern meiner Führung vor der RINDER-Auktionshalle! ... kein SCHWEIN da.

Anwohner einer kleinen Konditorei in der Immanuelkirchstraße haben sich jetzt beim Vermieter der kleinen Konditorei beschwert! Beschwerdegründe sind, dass es dort hin und wieder, mitten am

Tag, nach frischem Brot oder frischen Brötchen, nach frisch gebrühtem Kaffee und nach kandiertem Zucker „stinkt"! Also meine Bitte an alle Bäcker in Berlin: backt künftig bitte Duft- und Aroma-frei, denn frisches Brot stinkt bekanntlich!

Gruß heute an die Frau aus dem Supermarkt gestern, deren Tochter unbedingt und sofort Tapedile wollte. Tapedile haben wir hier im OKbeat leider genauso wenig wie Rhinofanten oder Oxodonten.

Hab vorgestern mit meiner Bea bei uns am Prenzlauer Berg versehentlich beim Einkauf in einem Supermarkt ein anderes Pärchen belauscht. Nein, die machten keinen heißen Sex zwischen Fischstäbchen und Blumenkohl, die unterhielten sich nur im Regal mit dem Toastbrot. Sagt er zu ihr: "Schenken wir ihm doch ein paar Kleiderhaken!" Darauf sie: "Soll er sich daran etwa aufhängen?" Er wieder: "Bei seiner Familie eine durchaus sinnvolle Idee!"

Mir ist in den letzten Wochen ja so einiges abhanden gekommen. Wohl vor allem mein eigener Verstand! Tja, was man aus Einsamkeit so alles macht. ...vor allem durchdrehen.

Machen wir heute, dem Wetter zum trotz, ein bisschen Blues und ein wenig Soul, denn wenn der Soul den Blues hat ... na ihr wisst schon!

Diktatoren unter sich! Fragen der Woche: Müssen wir uns jetzt auf die neue Achse Washington – Pjöngjang gefasst machen? Wann wird diese Achse um Rom verlängert? Machen nun Nordkorea und die USA gemeinsame Militärmanöver an den Grenzen zu China und Südkorea? Kauft Nordkorea nun seine deutschen Autos in den USA?

Wenn man aus dem Munde von Horst Seehofer im Zusammenhang mit Flüchtlingen das Wort "Rechtslage" hört, weiß man immer sofort, dass das für Menschen in Not nichts Positives ist und man bei Seehofer das Wort anders betonen muss, weil er es auch so wörtlich meint! "Rechts-Lage!"

Seit Tagen täglich um die 35°C im Schatten. Gestern in der größten Hitze zur Mittagszeit fing man bei mir auf dem Hof an, mit lautem Krach den Rasen zu mähen. Frag mich, welchen Rasen die da mähen. Bei diesen Temperaturen reicht 'n Feuerzeug. Na, wenn die wieder Krach machen, schick ich ihnen den Sensenmann, der ist ruhiger.

Wie wir aus unlauteren Quellen der Senatsverwaltung für Bildung, Jugend und Familie NICHT erfahren haben, sollen künftig an Berliner Oberstufenzentren Eichhörnchen in den Klassenzimmern verteilt werden, um all zu pubertierende Jugendliche mit Kopfnüssen zu versorgen. Gleichzeitig weist die Senatsverwaltung darauf hin, dass kein Kind einen Anspruch auf Kopfnüsse durch Eichhörnchen hat.
Wie süß, ... sieh mal 'n Eichhörnchen ... im Porzellanladen! ...

Tja, mir hat heute die Bürgerinitiative zur Rettung des grünen Berliner Felsen-Hörnchens als Gast leider abgesagt. .... so'n Mist, ... deshalb der OKbeat heute garantiert ohne Eichhörnchen!

Kay-Sölve Richter moderiert diese Woche das Morgenmagazin! Dann ist Kay Sölve also in Berlin. Warum sagt mir das denn keiner! Ich wollte doch Kay-Sölve zum Kaffe einladen, mit ihr gemeinsam gebratene, nackte Hähnchen essen und wir wollten uns gegenseitig Moma-Tassen zuwerfen.

"Warum streiten die sich?" "Weil sie Freunde sind. Mit Freunden streitet es sich am besten!"

Wetterbericht: Laut Regenradar am Nachmittag vermutlich trocken, Nachts in der Berliner Innenstadt relativ dunkel, in den Randbezirken und im Grunewald tatsächlich dunkel.

Übrigens Herr Maßen, in Chemnitz wurde letzte Woche von den Nazis auch kein jüdisches Lokal überfallen und mit Brandsätzen beworfen! Im Gegenteil, die Gäste des Lokals waren ganz einfach nur mit der Geschwindigkeit des Kochs etwas unzufrieden und haben deshalb angefangen, im Lokal die Menschen selbst zu grillen. Frei nach dem Motto: Piep, piep piep, wir haben uns alle lieb, jeder ess soviel er kann, gern auch seinen Nebenmann! Ansonsten ist doch in Chemnitz nüscht passiert!

Das sollte mal ein normaler Arbeitnehmer fordern: Wenn man Scheiße macht, eine Belohnung bekommen. Die Autoindustrie bescheißt ihre Kunden und bekommt als Belohnung dafür ein eigenes Konjunkturprogramm, und Manager, auch bei Banken, bekommen fürs Geld verzocken fette Boni. Mir scheint gerade die Gerechtigkeit mächtig auf den Kopf gestellt.

Unsere Welt ist so grausam, dass wir Angst davor haben, uns selbst zu verlieben und auf eine Falle und eine Lüge warten.

Tja, wenn du anfängst, an dir selbst zu zweifeln, haben schlechte Menschen gute Arbeit geleistet.

Gruß an meine Ex-Schnucki-Putzi-Bubu-Bea-Mausi! Kleine Gemeinheiten erhalten, gerade zu Weihnachten, die Feindschaft, nicht wahr, Süße!

Insektizide reichlich über unserer Landschaft vergießen und sich dann wundern, dass Bienchen und Schmetterlinge sterben. Da kann man ja gleich die Landschaft zubetonieren und sich dann wundern, warum die Eichhörnchen verhungern. Das ist so wie Waffen nach Saudi-Arabien liefern und sich dann wundern, wenn man dort die Panzer nicht zum Pflügen oder Unkraut jäten einsetzt.

Stimmt es eigentlich, dass Berliner Beamte bei ihrer Beförderung im Dienstapparat ein BVG-Ticket vorlegen müssen? ... Denn es heißt doch: Beförderung nur mit gültigem Fahrausweis!

Hab gestern den Schriftzug "Straßenunterhaltung" auf einem Lkw Am Köllnischen Park gesehen und herzhaft gelacht! Ist das jetzt

Unterhaltung für diese Straße, so frei nach dem Motto: Liebe Straße, ich sing für dich jetzt mal ein Lied"? Oder ist Straßenunterhaltung sowas wie Speakers Corner und man darf in der Straße Gedichte und Kurzgeschichten vortragen oder mal einen Handstand machen? Oder unterhalten sich da jetzt die Straßen untereinander? "Bei mir uff de Straße knutschen sich immer die Autos." "Ja du und bei mir lööft immer die eeene Schauspielerin lang aus dem Film, ... also ihr wisst doch, in dem die da mit dem eeenen. ...." "Kinder, das muss ich euch erzählen, ich komm jetzt ins Fernsehen. Die Abendschau hat bei mir gedreht!"

US-Präsi Donni Trump möchte, dass man in Kalifornien, zur Brandschutzvorsorge doch bitte den Wald immer regelmäßig fegen solle. Kenn ich selber noch aus meiner NVA-Zeit. Da wurden Kampftaucher eingesetzt, um das Schilf im Tümpel vor dem Gästehaus des Objekts umzupflanzen, da haben wir tatsächlich den Wald geharkt und ihn mit grüner Farbe besprüht, nur weil da mal ein paar Generale durchfahren wollten. Kann nicht jemand den Trump mal an einem Fallschirm mitten in der Wildnis der Sierra Nevada abseilen und ihn schon mal mit dem Wald harken beginnen lassen? Man könnte aber auch die Wälder in Kalifornien gleich ganz abholzen und das Land komplett zu betonieren, dann hat man gar keine Sorgen mehr mit Bränden.

***

aus 2019

Ein Hörer fragte mich am Montag, wie viele Polyester denn für meinen Weihnachtsbaum gestorben sind, und ob ich die denn wenigstens in Freilandhaltung hatte. Also die Polyester für meinen Weihnachtsbaum sind von glücklichen Kühen während des Fluges gelegt worden, darum heißt es ja auch "mal 'ne Kuh fliegen lassen", die Polyester lebten in Freilandhaltung und sie sind nach einem starken Stromschlag eines natürlichen Todes gestorben!

Wenn Ihr einmal den belebenden Geschmack sonnen gereifter Pfirsiche schmecken wollt, dann müsst Ihr unbedingt den Orangen-

Sanddorn-Saft aus der Obst-und-Chemie-Brauerei Dargun probieren.

Wenn man bereits überlegen muss, wie alt man gerade ist, wird man vermutlich langsam alt.

Deutsche Autos sind eine Gefahr für die nationale Sicherheit in den USA. Da muss ich Donny Trump ja mal Recht geben. Deutsche Autos sind schließlich auch eine Gefahr für die nationale Sicherheit in Deutschland. So lang der kleinste in Deutschland derzeit produzierte Kleinwagen größer und massiver ist, als der Kampfpanzer Leopard zwo, geht von deutschen Autos garantiert eine Gefahr für die Sicherheit jedes Landes aus.

Mein Hautarzt sagte mir letzte Woche bei der Hautkrebsvorsorge: "Die Blutschwämmchen auf ihrer Haut, das ist normal in ihrem Alter. Die werden auch noch mehr.", mein Zahnarzt sagte mir letzten Freitag bei der Halbjahreskontrolle: "Ihr Backenzähne sind etwas abgenutzt, aber das ist typisch für ihr Alter." Ich merke langsam: alt werden ist nichts für Weicheier!

Es ist Frühling! Die Bäume schlagen aus, der Spargel sprießt, die Knospen knallen und es macht wieder Spaß, den Frauen hinterher zu schauen! ... wohlgemerkt zu schauen und nicht mehr!

Brexit ja, nein, doch, vielleicht, eventuell, unter Umständen mit Bedingungen oder ohne Bedingungen, mit Teilbedingungen, unter Vorbehalt, mit offener irischer Grenze oder ohne, vielleicht eine zusätzliche Grenze zu Schottland, das in der EU bleiben will, oder es gibt 'ne Freihandelszone auf den Kanalinseln über die dann der Warenverkehr mit der EU zollfrei läuft. Man könnte aber auch den Eurotunnel fluten und anschließend darin Pilze züchten, die dann in Großbritannien und der EU zollfrei verkauft werden. Großer Brexit, kleiner Brexit, verschobener Brexit, neues Brexit-Referendum. Vielleicht sollte man die Bürger der anderen Noch-EU-Staaten in einem Referendum befragen, ob die überhaupt noch England in der EU haben wollen! Fakt ist, das Urland des

Kapitalismus weiß gerade nicht, was es will und macht sich damit total lächerlich. Wie ein zweijähriges, bockiges Kind! ... Will haben! Nein, das da! Will das da! Nein, das da! ... Eine Idee wäre es ja, wenn die Briten ihre konstitutionelle Monarchie abschaffen und die Queen zur absoluten Monarchin wird. Dann kann die nämlich alleine entscheiden, ob die Briten einen Brexit wollen oder nicht. God save the Queen!

Die Postbank, hinter der ja bekanntlich die Deutsche Bank steckt, will im Juni eine weitere Post- und Postbankfiliale schließen. Gerade viele ältere Menschen nutzen diese Einrichtung, weil sie Online-Banking oder diesen Überweisungsautomaten in den Banken nicht vertrauen bzw. damit nicht vertraut sind. Begründung der Deutschen Bank für die Filialschließung: die vielen alten Leute im Einzugsbereich. Wie zynisch ist das denn? Tja, die alten Leute schließen keine Bausparverträge oder neuen Lebensversicherungen ab und sie handeln nicht mit Aktien! Außerdem, so die Deutsche Bank, sei das reine Postgeschäft nur ein defizitäres Nebengeschäft. Vielleicht sollte sich die Deutsche Bank umbenennen in Hipster-Bäääänk!

Die Litfaßsäulen verschwinden nach knapp 170 Jahren aus dem Berliner Stadtbild. In der letzten Woche fielen die Säulen rund im den Kollwitzplatz. Die Säulen hatte man einmal aufgestellt, um das wilde Plakatieren an Hauswänden, Straßenbäumen und Laternen zu unterbinden. Wird heute etwa nicht mehr plakatiert?

Zum Thema "Die Machenschaften von Deutsche Wohnen und Vonovia" mal die Äußerung des ehemaligen CDU-Rechtsaußen, Heinrich Lummer: "Legal! Illegal! Scheißegal!"

Der ESC, der Eurovision Song Contest, stand auch in diesem Jahr wieder unter dem Motto: wer schreibt den grässlichsten Popsong und welches austauschbare Gesicht trägt welches der austauschbaren Stücke vor. Alle Männer dunkle Haare, schlank und Drei-Tage-Bart, alle Frauen schlank, blond und schnuckelig süüüß! Und dann, ich muss mich da geirrt haben, dachte ich, bei einem Song-Contest ginge es um Musik und nicht um Bühnenshows. Welcher Pyrotechniker hat den Längsten, ... also Feuerstrahl, Flammenwerfer oder die auffälligste Rakete, welcher Künstler tanzt am weitesten vom Publikum entfernt, wer hat das schrillste Outfit und bei wem ist die LED-Wand am buntesten. Und um all das noch zu toppen, demontierte sich Pop-Diva Madonna vor hunderten von Millionen Fernsehzuschauern als Superstar noch selbst und wurde damit zum Pausenclown. In ihren beiden Songs traf sie zwar stimmlich alle Töne, aber nur eher selten die richtigen. Jeder Karaoke-Künstler im Mauerpark zeigt mehr Stimmvolumen, als Madonna wohl jemals hatte. Aber im Gegensatz zum Mauerpark hat Madonna im allgemeinen die besseren Tontechniker, die selbst das letzte Gerülpse der "Pop-Diva" in die richtige Tonlage quälen. Zum Schluss ihres Auftritts tat mir Madonna, als armes, kleines von der Welt entfremdetes Mäuschen, einfach nur noch leid. Tja und ein letztes zum ESC, wenn man den Leuten Jahrzehnte lang sauren, wässrigen Wein als die beste Delikatesse aller Zeiten verkauft, darf man sich nicht wundern, wenn die Leute den dreißig Jahre gelagerten, irischen Single-Malt-Whiskey nicht mehr als Qualitätsprodukt erkennen.

Unbestätigten Gerüchten zufolge haben Europas Rechtspopulisten für die Zeit nach der Europa-Wahl bei den Eisenbahngesellschaften viele, viele Güterzüge bestellt, um in den nächsten Jahren ihre eigenen Wähler zu verladen.

"Herr Ober, ick hätte gerne det selbe wie eben!" "Wieso? Du bist doch gerade zusammen mit meiner Frau von der Herrentoilette gekommen!" "Deshalb ja!"

Es sagte der sozialdemokratische Kannibale auf der Parteiversammlung: "Liebe Genossinnen und Genossen! Ich habe soeben einen Genossen genossen!"

Vorgestern machte es die Runde: Niemand spielt den neuen Titel von Sarah Conner! ... hähä ... na ich auch nicht! ...

Apothekenrundschau – lesen, was gesund macht ... haha! Mir hat letztens jemand in wirklich ehrlicher und guter Absicht eine Apothekenrundschau zugesteckt. Mein Gott, gibt es viele schöne Krankheiten auf dieser Welt! Ich wusste gar nicht, auf was man so alles achten muss, wenn man will! Nicht zu viel Sonne, nicht zu viel Regen, was für den Darmausgang, was für den Hals, was für den Magen und den Darmeingang ... bloß gut, dass ich keinen Blinddarm mehr habe ... nicht zu viel Salz, nicht zu viel Zucker, nicht so viele Zuckerersatzstoffe, und bitte möglichst keine natürlichen oder unnatürlichen Vitamine in extra Dosen. Bier und Wein sind gesund, aber nur in homöopathischen Dosen, zum Glück trinke ich ja nur noch Rum oder Whisky, Kaffee darf, kann, muss oder auch nicht, der Gesundheit zuträglich sein. Also ich wurde nach dieser Lektüre eher krank! Apothekenrundschau ... lesen was gesund macht ... also wenn die es mit ihrem Slogan wirklich ernst meinten, würden sie statt ihren angeblichen Gesundheitstipps ihre Zeitung komplett mit Witzen füllen, denn Lachen ist die beste Medizin!

Ich hab jetzt seit gut anderthalb Wochen eine Jahreskarte für den Berliner Tierpark. Manchmal wird man dort unfreiwillig Ohrenzeuge lustiger Aussprüche aus Kindermund, wie: "Mama, du tauchst aber besser, als so'ne Seekuh!", "Man, die Ratten hier sind ja rattenscharf." ... oder ... "Ich will aber das Kamel da mit nach hause nehmen. Es kann auch in meinem Bett schlafen."

Ich finde diese Diskussion um das Schreddern männlicher Küken aus der Legehennenzucht so ... überflüssig. Was passiert denn mit den weiblichen Küken? Die werden aufgezogen und fristen dann in Legebatterien ihr kärgliches Dasein. Spätestens mit der ersten sogenannten Voll-Mauser, wenn die Hühner nach fünfhundert Tagen ihr komplettes Federkleid abstoßen und in der Zeit, etwa zwei Monate lang, keine Eier legen, werden auch sie getötet, denn einem nicht zahlenden Hotelgast verweigert der Kapitalismus Kost und Logis, wie einst der Tierfilmer Horst Stern so treffend bemerkte. Also wäre es doch eher sinniger, Legehennen fünf und mehr Jahre zu halten, bis sie eines natürlichen Todes sterben und gleich ganz weniger Küken zu produzieren und damit weniger männliche Küken zu töten. Horst Stern sprach auch immer von der "ermüdeten Wahrheit". Wir wissen alle, dass ein Zigarettenkippen, der auf der Straße landet, zehn Liter Grundwasser verunreinigt. Sagt das aber mal einem Autofahrenden Raucher in diesen Tagen. Der kapiert gar nicht, was er da überhaupt getan hat! Autofahrer! Täglich werde ich auf meinem Roller von mindestens einem Auto geschnitten. Spricht man die dann darauf an, heißt es: Och, ich hab sie nicht gesehen. Aber Du hast mich doch vorher überholt, du Idiot! Gestern auch wieder am Alexanderplatz. Ich dann sehr langeden mich Schneidenden an der nächsten Kreuzung angehupt! Plötzlich 'n Polizeiauto neben mir. Kumpel Polizist beugt sich aus dem Fenster zu mir raus und zeigt mir Daumen hoch. Danke! Aber warum habt Ihr dann nichts gegen den, der mich da geschnitten hat, gemacht?

Heute keine Satire! Es ist zu warm! Spritz-spritz, plansch-plansch!
Ich war gestern im fast menschenleeren Tierpark!
Es kackt der Elefant ganz leise,
die Spatzen tschilpen freudig: "Scheiße!"

Donald Trump und Kim Jong Un haben sich am Samstag ja "spontan" auf Nordkoreanischem Boden getroffen. Ich sehe das richtig vor mir, wie Donald Trump dem Kim Jong Un sanft die Eier streichelte und dabei flüsterte: "Darf ich dir mal meine Melania schicken, damit du kleines Milchgesicht endlich zum Mann wirst." Und Kim ihm genau so leise antwortete: "Das brauchst du nicht, denn das hat schon deine Mutter getan."

Die UNO zählte gestern die deutschen Handelsketten an wegen Menschenrechtsverletzungen im Umfeld von REWE, EDEKA, Aldi, Netto, Norma, Penny und wie sie alle heißen. Seit wann ist das neu?

Die Deutsche Wohnen will jetzt ihren eigenen Mietendeckel einführen! Holzauge sei wachsam! Glaube keinem Griechen, der mit Geschenken kommt!

Das Jobcenter will, dass ich von einer Bude, die ihre Mitarbeiter scheiße behandelt, denen keine Aufstiegschancen gibt und vor allem schlecht bezahlt, gecoacht werde, um besser bezahlt zu werden. Wie irre ist das denn?

Bei der Cosa Nostra: "Wirr wissssen, was du machst, Luigi, wirrr haben unsere Leute überall!" Im Jobcenter: "Wir wissen, was sie machen, wir haben unsere Leute überall!" Bei der Staatssicherheit in Hohenschönhausen: "Wir wissen, was sie machen, wir haben unsere Leute überall!" 1. finde den Unterschied! 2. welche dieser Einschüchterungen ist am Angenehmsten? Antwort: die von der Staatssicherheit, denn nach drei bis vier Jahren Knast wurde man meist in den Westen abgeschoben und bekam 100 West-Mark Begrüßungsgeld. Ja, ja, das System schafft sich wieder seine eigenen Feinde!

Ach ja, von der Leyen nun als neue EU-Kommissionspräsidentin und AKK beerbt sie als Verteidigungsministerin, damit AKK jetzt endlich mal bei den Großen, im Bundeskabinett mitspielen darf. Sowas nannte man früher mal "Seilschaften". Erbschleicher und Krach um ein Erbe kommen schließlich, ohne hervorragende Vorbereitung vorher, in der besten Familie vor. Ich kann da wirklich 'n Wörtchen mitreden. Die Bundeswehr freut sich! "Soldaten! Jetzt wird alles gut! Unsere neue Verteidigungs- ministerin heißt Kampf-Knarrenbauer!"

Lieber dreimal grinsen, als einmal meckern. Ist besser für eure Gesundheit.

"Heidi Klum und Tom Kaulitz: Erneute Hochzeit in Deutschland? Nach ihrer Hochzeit auf Capri soll es für Heidi Klum und Tom Kaulitz Gerüchten zufolge noch eine Trauung in Deutschland geben. Es wäre die dritte für das Paar, das momentan seine Flitterwochen in Italien genießt." Das Magazin "Bunte" will außerdem erfahren haben, dass eine weitere Feier im September in Klums Geburtsort Bergisch Gladbach stattfinden soll. Ihr Vater Günther Klum soll dann ebenfalls dabei sein – in Italien fehlte er.

Also Leute, wen interessiert sowas? Wahrscheinlich die Schreiber dieses Zeugs selbst, denn von irgendwas müssen sie ja leben. Sie haben es ja nur um ihre Miete bezahlen zu können getan! Man könnte es aber auch anders schreiben! "Abgewracktes ehemaliges Model und einstiger Werbeträger, bisher dreimal >bis dass der Tod euch scheidet<, verheiratet und mit vier Gören, nimmt sich siebzehn Jahre jüngeren, mittlerweile gleichfalls abgewrackten, Popgitarristen, der fast ihr Sohn sein könnte, zum vierten Ehemann und veranstaltet mit diesem drei und mehr Hochzeitsfeiern nacheinander, um noch mehr in den Flitterwochen zu ... flittern." Naja, ein viel, viel jüngerer Mann hält so'ne alte Schachtel wenigstens jung. Und arbeiten brauchen sie ja nicht, sind schließlich beide steinreich.

Auf dem Kalenderblatt vom 12. August konnte ich lesen: "Hühner bewegen ständig ihren Kopf. Die ruckartigen Bewegungen entstehen dadurch, weil Hühner mit ihren Augen kaum etwas sehen können und deswegen ihren Kopf benutzen." Also das hätte ich jetzt nicht erwartet. "Hühner sehen mit ihrem ganzen Kopf". Das sind ja vollkommen neue Dimensionen! Ich dachte immer, Hühner kieken mit ihrem Hintern, denn es heißt doch: "Ick kiek dich nicht mal mehr mit meinem Arsch an." Oder Hühner haben ihre Augen an ihren Füßen, wegen der Hühneraugen. Außerdem, dass Hühner jetzt nur noch mit dem Kopf schauen, anstatt mit ihren Augen ist ja auch phantastisch. Kann ich ja auch mal machen: wenn wir uns mal begegnen, drehe ich dir einfach meinen Rücken zu und schaue dich mit meinem Hinterkopf an. Lehrer können sowas zum Beispiel in Klausuren. Richtig müsste es heißen: "Hühner sehen nicht in 3-D bzw. nicht in Stereo, wie wir mit beiden Augen, um Entfernungen abschätzen zu können. Sie bewegen deshalb ihren Kopf, um mit jeweils einem Auge aus mehreren unterschiedlichen Positionen Entfernungen einschätzen zu können. Wahrscheinlich entsteht so ein 3-D-Bild in ihrem Hirn."

Die SPD möchte jetzt endlich wieder eine Vermögenssteuer einführen! ... ein Prozent!!! ... Die Beatles haben übrigens damals 96 % an Vermögenssteuer in England bezahlt und sie sind dabei nicht arm geworden, Paul McCartney ist unter den Top Ten der Musiker mit dem höchsten Vermögen weltweit. Aber jetzt wollen die Sozis an unser Vermögen ran! ... ein Prozent!!! "Da werden wir ja alle arm bei!", tönt es von der CDU und der ach so christlichen und vor allem sozialen Union aus Bayern. Die Sozis wollen uns enteignen! Sie wollen an unser mühselig Erspartes, wo wir täglich drei bis fünf Cent in unseren Sparstrumpf unterm Kopfkissen getan haben und jede Münze täglich einzeln von Hand polieren. Da wollen die ran, tönt es von Seiten der FDP! Da sieht man mal, wen CDU, CSU und FDP vertreten! An Vermögen unter 1 Millionen Euro pro Einzelperson will die SPD doch gar nicht ran! Also was soll das Geschrei! Heißt es nicht auch im Grundgesetz, dass Eigentum verpflichtet? Stehen die Unionsparteien und die FDP etwa nicht mehr zum Grundgesetz? Nein! Eine Vermögenssteuer ist richtig und längst wieder überfällig! Gut so, SPD!

Also man kann Wellen auch so weit tot reiten, bis selbst der Reiter auf dem ollen Jaul nur noch aus Staub besteht. "Bares für Rares", "Trödeltrupp", "Lieb und teuer", "Die Superhändler", "Liebling, ich habe die Kinder verkauft", "Vom Plunder zum Prachtstück", "Die drei vom Pfandhaus" und wie sie alle heißen. "Ick habe hier die Haarspange mit die original Haare von meine vor viersich Jahren verstorbene Urgroßtante Amelie. Damit will ick von ihrn Erlös mit dem Papst in Wuppertal eine Herrenbudike eröffnen."

Hey, Deutschlandradio Kultur, was ist das denn für ein Quatsch am Sonntag ab 10 Uhr mit der Sendung "plus eins"? "Hey, ich habe mit einem deutschen Rockstar geschlafen!" "Ja, und ich mit dem auch und zwar im selben Hotel!" Wie Niveaulos ist das denn?

Sinnfreispruch der Woche:
Siehst du die Kräne dort am Hafen,
die haben keine Pantographen!
... jetzt müsste man wissen, was ein Pantograph ist, wa?

Zum Tag der deutschen Einheit darf ich ja mal sagen, ich hab so die Schnauze voll! Ich hab die Schnauze so voll von diesen ständigen Währungsumstellungen! Euro, D-Mark, Rentenmark, DDR-Mark, jetzt haben sie in den Supermärkten sogar schon Tomatenmark!

Das was die Türkei gerade in Syrien macht ist, als wenn Euer Nachbar in Eure Wohnung kommt, Eure an seine Wohnung angrenzenden Zimmer besetzt, unter dem Vorwand, endlich keinen Lärm mehr von Euch hören zu wollen und nebenbei noch nach seinen Kumpels aus dem Hinterhaus schreit, "Hilfe, ich werde angegriffen".

Heute ist Halloween! Da wird sicherlich Brigitte Bastgen die 17 Uhr heute-Nachrichten moderieren!

Angst ist der schlechteste Ratgeber. Mit ihr kommen immer Despoten an die Macht!

Schön, dass die Kanzlerin es jetzt geschafft hat, dass die Autobude, an der der Staat die Aktienmehrheit hat, VW, endlich mehr E-Autos baut. Fakt ist aber, auch E-Autos sind Autos, bei deren Herstellung für die gebrauchten Rohstoffe der Boden aufgerissen wird, wo Menschen unter prekären Bedingungen in den Rohstoffländern arbeiten und die unter Luft verschmutzenden Bedingungen verarbeitet und nach Deutschland geschafft werden. Und auch ein E-Auto hat Emissionen, für die Elektroenergie, verursacht Feinstaub durch den Abrieb beim Verschleiß von Rädern und Motorteilen und ist ganz und gar nicht sauber. Wir brauchen nicht neue Autos für unser Verkehrskonzept, sondern wir brauchen ein neues Verkehrskonzept!

Wolfgang Gruner im Kabarett die Stachelschweine im Jahr 1966: "Die Politik der CDU ist so gut, dass die der Bürger nicht mal mehr bemerkt!"

Mein Arzt sagt, ich soll mehr Vitamine zu mir nehmen! Aber Herr Doktor, in meinem Alter brauch ich keine Vitamine, sondern Konservierungsstoffe!

Alte Kavalleristenweisheit: Wenn dein Gaul tot ist, dann steig ab!

Am Montag gingen ein paar Baufirmen auf die Straße, um gegen den Berliner-Mietendeckel zu protestieren! So eine verdammte Heuchelei! Jahrelang hatte die Wohnungswirtschaft alle drei Jahre eine Rendite von zwanzig Prozent und hat nicht gebaut, aber auf einmal will man das Bauen einstellen und man versucht, wieder einmal, die unteren Bevölkerungsschichten gegen einander auszuspielen, Einkommensschwache, die sich die aktuellen Mieten kaum noch leisten können gegen Handwerker aus dem Niedriglohnsektor, denen man Angst damit macht, erst ihren Job und dann ihre Wohnung zu verlieren. Kapitalismus eben und keine soziale Marktwirtschaft! Man hätte in diesem Beitrag mal die Firmen und die Arbeiter fragen sollen, ob die auch ihre Preise und ihre Löhne in den letzten Jahrzehnten alle drei Jahre um zwanzig Prozent erhöht haben, aber beim normalen Arbeiter ist davon nichts angekommen! Und so greint man Krokodilstränen und lässt den normalen Bürger mit dem unguten Gefühl zurück, der Mietendeckel sei eigentlich scheiße und verursacht Entlassungen.
Aber das ist der Mietendeckel eben nicht, sondern nutzt im Gegenteil gerade denen mit am meisten, die hier auf die Straße gegangen sind, weil sie sich von der Wohnungswirtschaft haben kaufen lassen.
Also nochmal: der Mietendeckel soll den Menschen und nicht dem Kapital helfen!

Also richtig süß fand ich ja, als am Samstag, am Infostand der SPD von Clara, Tino und mir am Antonplatz eine Straßenbahn der Linie M4 mit Beatles-Werbung vorbei gefahren ist. Clara und ich lagen uns plötzlich in den Armen und Tino wusste nicht, warum!

Hier ist der heilige Himbeergeist! Doppelsendung heute! Stellt euch mal vor, überall laufen heute Konserven, im Radio, im Fernsehen, gerade mal Nachrichten kommen noch live! Es gibt sogar weniger Spam im E-Mail-Postfach! Und da sende ich hier live! Danke an Rockradio.de für diese Möglichkeit, danke an alex-radio für die automatische Streamübernahme. Also ein wenig pommes rot weiß steckt im OKbeat und ein wenig OKbeat steckt in Pommes rot weiß!

Gesundheitsbewusste Raucher trinken Filterkaffee! Gesundheitsbewusste Kaffeetrinker rauchen selbst gemachtes Sauerkraut!

Ein Junggeselle ist ein Mann, dem zum Glück die Frau fehlt!

Wenn ihr jemandem die Zähne zeigen müsst, lächelt. Ist besser für euer Herz.

***

aus 2020

Es hat sich wieder einmal herausgestellt: Berlin ist die Hauptstadt der Knaller! My-Baby-Baby-Balla-Balla! Na zumindest wählt man in Berlin halbwegs vernünftig!

"Du elendes, hinterhältiges, verlogenes kleines Miststück, du hast mir schon wieder deine Saftflasche in meinen Einkaufsbeutel geschmuggelt!", hörte ich vorgestern in der Senefelder Straße eine wohl etwas überforderte Mutter mit ihrer etwa zweijährigen Tochter, die im Kinderwagen saß, zetern. Das ist vermutlich der neue Kinder-Umgangston am Prenzlauer Berg! Für mich als Außenstehendem ist dabei ganz klar, wer in dieser Szene der offensichtlich eigentlich Schuldige ist. Von wem hat das Kind das bloß?

Ein ganzer Kontinent verbrennt! Aber anstatt mal ein paar erfahrene Feuerwehrmänner nach Australien zu schicken, steckt Donald Trump lieber noch den Nahen Osten an!

Früher schickte man Leute, die sich ritzten, zum Psychologen. Heute ruft man entzückt: Wow, was für ein tolles Tattoo!

Wer A sagt, muss nicht B heißen!

Stolperte letzte Woche über ein paar Begriffe, die ich erst nachschlagen musste. Unter „Hoodie" konnte ich mir nichts vorstellen. Das ist wohl ein Kapuzenpullover, „Hoddy" kenne ich, das ist eine Geschichte von Roald Dahl. Dass „Detailhandel" gleich „Einzelhandel" ist, wusste ich auch nicht. Wenn Detailhandel Einzelhandel ist, warum nennt man es dann nicht auch weiterhin Einzelhandel? Und „Schule" heißt es auch nicht mehr, sondern „Team-Lern-und-Übungscenter".
Ich will mein Deutsch zurück!

Ist das Gegenteil von Anja eigentlich Ausnein?

Christian Lindner, du und deine hinterhältige FDP! Auf Bundesebene wegen etwas Grün feige den Schwanz einkneifen und in Thüringen jetzt, im Wortsinne auf Teufel komm raus mit direkter Hilfe der AfD regieren wollen! Das Problem ist, im Interview im MOMA hat Kemmerich nicht mal ein Einsehen damit, dass er da einen Fehler gemacht hat, nein, im Gegenteil, Linke, SPD und Grüne sind aus seiner Sicht schuld!

Ein Aufruf an alle Hörer! Peter aus Steglitz sucht für den kommenden Winter eine zweite Schneeschaufel, denn er möchte gerne paarschippen.

Gute Zeiten für Erbschleicher: Hast du Corona, dann geh zur Oma!

Allolloll sinisfisziert! Allolloll kann man trinken, die Finger darin baden ... bade-bade-bade ...., man kann ihn in die Wadebanne spucken, man kann sich mit ihm die Augenbrauen frisieren, man kann sich mit Allolloll die Füße desfinzifieren, gurgeln und im Winter die Vögel füttern. ... na darum heißt es doch Schnapsdrossel und Bierhahn ... und man kann mit seinem Pupperzückchen mal andingsen ... ähm ... stoßen. Deshalb ist Allolloll ein unverzichtbarer Bestandteil der Profa- ... Profu- .... Prophy-was auch immer im Umgang mit Angola! Besonders schwarz gebrannter Methylallololl ist förderlich für ihre Gesundheit, denn nach seinem Genuss kommen sie garantiert ins

Krankenhaus! Deshalb verputzen sie jetzt Allololl! ... Allololl kann all das, was Wasser auch kann, ... nämlich im Falle von Corinna (!) gar nischt, nur fühlen sie sich anschließend besser, bevor ihr Kater am nächsten morgen aufwacht und der Klobrillendeckel ihnen ins Genick knallt! Merke, wer jetzt mit Corona Allololl verschnapsuliert, der säuftst wenigstens nicht alleine.

Was tun bei Hamsterkäufen? Also, Hamster sind Einzelgänger, deshalb sollte man nie mehr, als einen Hamster kaufen oder halten. Und bedenken sie, Hamster sind auch Lebewesen, die ihnen jetzt ihr gutes Müsli wegfuttern würden, also nehmen sie Abstand von mehreren Hamsterkäufen.

Was tun, bei Corona-Panik? Als erstes kaufen sie zwei Zitrangen oder Oronen, falls sie die nicht bekommen, tut es auch ein Bund Pilli-Palli oder ein Beutel Wrong. Zu hause angekommen, holen sie sich von ihrem Nachbarn eine Zaunlatte und hauen sich damit mehrfach auf den Hinterkopf und sagen sich: Corona, Corona, ist nur was für die Oma ... und alles wird wieder gut!

Schlechte Zeiten für heimliche Mehrfachbeziehungen! "Liebling, wo warst du?" "Im Schlafzimmer..." "Aber wohl nicht in unserem."

Diese Zeiten haben auch was Gutes! Endlich kann man täglich Knoblauch futtern!!

Gegen den allgemeinen Lagerkoller hilft vielleicht der Knast-Ausbruchs-Spruch der Woche:
Ich hab allmählich Langeweile,
denn ich bin nicht gerne hier,
Kumpel, gib noch mal die Feile,
draußen warten Schnaps und Bier!

Home-Office - Was in solchem Falle tun gegen sexuelle Belästigung durch Ehepartner, Dackel, Hamster oder Miezekatze? Home-Office - Ich bin zuerst am Schreibtisch!

Home-Office - Zu anderen ist er ja am Telefon richtig nett!
Home-Office - Wie schläft man am Arbeitsplatz so, dass es der Ehepartner nicht bemerkt?

Tja, home-office ... home-office .... ich mache hier home-sending, Athleten machen home-sporting, meine Freundin Antje macht derzeit am liebsten Home-shopping und manch einer macht jetzt auch, gezwungener Maßen, home-popping ... na hoffentlich schlafen dann die Kinder und sie luken nicht heimlich, gemeinsam mit dem Wackeldackel und der Miezekatze, durchs Schlüsselloch!

Es ist ja schön, immer mal wieder zum Zeitzeugen historischer Ereignisse auf der Welt zu werden, aber die bemannte Mondlandung, der Fall der Berliner Mauer und eine totale Sonnenfinsternis hätten es auch getan.

Tja, die Sendungen hier sind gerade ohne Netz und doppelten Boden, denn normalerweise nutze ich einen Teil der OKbeat-Texte bei Rockradio nach und und umgekehrt. Das geht gerade nicht, aber was solls! Dann erzähl ich die Witze halt in einem halben Jahr hier nochmal. ... oder ich veröffentliche die Radiotexte als Buch.

Jetzt stellen viele Alkoholhersteller ihre Produktion auf Industrialkohol zur Desinfektion um. Also um dieses ganze Industriebier oder um manchen Fusel wie Kirschlikör oder Gold-brannt ist es ja nicht schade, aber sich mit gutem Rum oder Whisky die Hände desinfizieren, dazu ist das doch nun wirklich zu schade. Werden nicht gerade auch die harten Sachen für die Seele gebraucht?

Wie kann man jetzt Krankenhausserien im Fernsehen zeigen. Wie unsensibel ist das denn?

Donald Trump und die WHO – erst auf den Boten nicht hören und ihn anschließend erschlagen.

Die Maskenpflicht seit gestern in ganz Berlin ist ja durchaus sinnvoll, aber hat da mal jemand an die Wirtschaft gedacht? Hunderttausende von Lippenstiftfabriken werden jetzt pleite gehen! Maskenpflicht in Berlin! Nein, ich wollte mir vom Schalter in der Sparkasse wirklich nur zwanzig Euro auszahlen lassen und nicht zweihunderttausend! Maskenpflicht in Berlin ... also ob sie da Haare auf den Zähnen hat, merkt man ja eh relativ schnell. Aber ob er noch ein Milchbart ist, das merkt sie dann leider frühestens beim ersten Anstich im Bett! Maskenpflicht in Berlin ... so billig hab ich noch nie getankt!

Wie ist diese Meldung denn hier zu verstehen? "Durch Corona landen jetzt viele Prostituierte in Berlin auf der Straße!"

Das neue Smartphone – kann man damit eigentlich auch telefonieren?
Das neue Smartphone – toll, diese moderne Technik! Es hat etwa fünfmal so viel Speicherplatz, wie mein vorletzter Rechner. Das neue Smartphone – Endlich kann ich darauf so viel Bilder speichern, dass ich komplett die Übersicht verliere. Das neue Smartphone – Hey, es spricht mit mir! Na dann kann ja mein Nuscheln so schlimm nicht sein. Es ist schon interessant, zu beobachten, dass es gerade in dem Bundesland, in dem es die regiedesten Einschränkungen gibt, auch die meisten Corona-Fälle gibt. Was machen denn die Schluchtenjodler anders, als wir Preußen auf dem märkischen Sand?

Liebes Internet, ich brauche weder heute, noch morgen oder gestern eine Sterbegeldversicherung, auch wenn ihr mir die noch so oft anbietet. Ich brauche auch keine Schwanzverlängerung und ich will mich auch nicht mit Bettina, Angelika, Beate, Moritz oder Lutz zu einem romantischen Dinner verabreden. Ich will einfach nur kein Corona! War das jetzt deutlich genug?

Frühling: Nicht nur der Spargel sprießt! Frühling: die Gerüchte sprießen und die Radfahrer schlagen aus! Frühling: halten sie Abstand, denn nicht jeder mag einen Rammler im Rücken.

Frühling in Corona-Zeiten: Krokodilstränen von der Lufthansa und der deutschen Autoindustrie, zehntausende Reisebüros stehen vor der Insolvenz, aber weniger Urlaubsreisen und weniger Verkehr mit weniger Autos tut auch was mit der Natur! Die Luft war lange nicht mehr so sauber, es wurde schon lange nicht mehr so wenig gefracktes Öl verkauft und man kauft wieder Produkte aus der Region! Frühling in Grünheide: Es ist ja toll, dass Tesla dort jetzt eine Fabrik für Elektro-Autos baut, aber auch Elektro-Autos sind immer noch Autos und keine dringend nötigen neuen U-Bahnzüge! Frühling bei Verschwörungstheorienfans: Hey, seht die Einschränkung der Bewegungsfreiheit doch auch mal von der positiven Seite! Keine Bewegung heißt, kein Flugverkehr und kein Flugverkehr heißt keine Chemtrails! Frühling in Corona-Zeiten mit der AfD: Warum unterstützt ihr die ganzen Verschwörungsfans? Freut ihr auch denn nicht über die geschlossenen Grenzen? Frühling inmitten der Natur: die Natur ist jetzt so grün, die ist jetzt sogar grüner, als die Grünen! Frühling in der Schrankwandbar, das heißt, hier kungeln Blue Curacau und Orangensaft und gebären Grüne Wiese! Frühling im Görli! Statt frischem Rasen, gibt's frisches Grass!
Frühling mit Darmbeschwerden:
Ich muss mal in den Birkenwald,
denn meine Pillen wirken bald!
Frühling bei Corona-Leugern: Also eigentlich sind die Schauspieler doch in der Volksbühne und nicht davor!

Meine Stimme ist heute wie 'n Brötchen: etwas belegt. Heute ist Himmelfahrt! Die Gefahr dabei von anderen beobachtet zu werden, potenziert sich mit der Dummheit deiner Handlung! War gestern im Tierpark! Also Leute, man füttert Greifvögel nicht mit Keksen, man lässt Kinderhände nicht bei bei Wildhunden durch das Gitter fassen, damit die Tiere mal an der Hand riechen können, man lässt Kinder nicht allein, unbeaufsichtigt, oben auf der Balustrade des Eisbär-Geheges entlang balancieren. Manches ist wirklich nur im Suff zu ertragen. Oh Vatertag, oh Vatertag, ein Tag den nicht nur Vater mag!

... sitzt mein Alu-Hütchen richtig? ... Hinweis an alle Verschwörungstheoretiker: denken sie daran, in der Öffentlichkeit immer Maske zu tragen, denn die Bundesregierung sammelt heimlich Speichelproben von ihnen, wenn sie unterwegs sind, um sie anschließend durch einen regierungstreuen Klon zu ersetzen!

Himmelfahrt – wie groß muss Berlin sein, damit heute alle Schnapsleichen in den richtigen Abständen zu einander abgelegt werden können! Himmelfahrt - und Kaiserwetter in Berlin! Kaiserwetter heißt es bei Sonnenschein deshalb, weil früher seine Majestät der Deutsche Kaiser da gut draußen im Freien photographiert, Statuen von sich einweihen und Kriege anzetteln konnte! ... sitzt eigentlich mein Alu-Hütchen noch immer ordentlich? ...
Himmelfahrt - Nie war es an einem einzigen Tage einfacher, etwas zu bekommen, was man nie haben wollte: Corona!
Himmelfahrt – Rechenaufgabe! Wie lang müssen Strohhalme mindestens sein, um unter Wahrung der Abstandsregeln die Jurkenbowle gemeinsam mit anderen aus dem Wassereimer saufen zu können? Beachte dabei die unterschiedlichen Schlürf-Winkel der unterschiedlich großen Menschen!
Himmelfahrt – und keiner geht hin!
Himmelfahrt – ist grüne Kotze eigentlich immer Öko?
Himmelfahrt – Quizfrage: Berliner Kristall-Weiße mit Schuss – trinkt man a) aus der Flasche ... b) direkt vom Boden oder c) aus dem Munde des Liebchens? ... Antwort d) ist richtig: Berliner Weiße trinkt man am besten mit Hefe und ohne Schuss aus dem Glas!

Pfingsten in Berlin ohne Karneval der Kulturen, das ist wie das Brandenburger Tor ohne Touristen – man gewöhnt sich sehr schnell daran. Pfingsten in der BVG – mehr heiße Luft kann man nicht fahren! Pfingsten im Zoo – kein Platz mehr für wilde Tiere! Pfingsten im Home-Office – ist Pfingsten schon diese Woche, oder erst nächste Woche? Pfingsten bei der deutschen Lufthansa – seit wann gibt's Heizer bei der Lufthansa? Seit die Flieger am Boden bleiben.

Pfingsten in Thüringen – das kommt davon, wenn man sich von rechten Verschwörungstheorien treiben lässt! Pfingsten unter Verschwörungstheoretikern: Ganz Pfingsten ist eine einzige manipulierte Aktion von der Familie Rothschild! Die Rothschilds wollen nämlich, dass der 1. FC Eisern Union die Bundesliga gewinnt und darum ein ganzes verlängertes Wochenende trainieren kann. Darum läuft Union ja auch in rot-weiß auf, weil die von den Rothschilds gekauft sind. Und Hertha wurde von den Bayern gekauft, deshalb ihr blau-weiß. Im übrigen ist ganz Pfingsten ja eine einzige Verschwörung! Jesus gab es nicht, Allah gab es nie, Buddha gab es nie und Konfuzius auch nicht! Darum versucht man jetzt, an eure Gene heran zu kommen. Und euch gibt's im übrigen auch nicht. Ihr seid alle eine Illusion! Merkt euch mal, euch gibt es nicht! Darum werdet ihr von normalen Menschen auch nicht ernst genommen! Ihr existiert nicht und die Welt existiert nicht!

Und hier noch eine Nachricht aus den USA! Wie uns ein berittener Bote aus dem Reich des wohlbedungenen Kaisers Donald Trump der 1. auf einer Internet-Schriftrolle und über Griots, die im gesamten Kaiserreich des hocherlautigstens Kaisers es haben ausrufen lassen, mitteilte, wird ab sofort jeder, egal ob arm, ob reich, egal ob hochwohlgeboren und nur ein einfacher Krämer, mit dem Tode bestraft, der den erleuchteten Kaiser auch nur ansatzweise kritisiert. Der erleuchtete Kaiser der Vereinigten Staaten von Amerika macht keine Fehler! Der Kaiser lügt auch nie und der Kaiser ist von ehrlichstem Blute und damit unfehlbar, ließ der Kaiser uns durch den Boten mitteilen! Sollte sich ein Niederer dazu bedungen fühlen, Kaiser Donald Trump 1. doch einmal kritisieren zu wollen, so gilt: der Kaiser hat immer recht, auch wenn er unrecht hat! Anderenfalls muss er am Galgen seine Zuge heraus hängen lassen, die Tochter seiner holden Gemahlin Melania oder einen Schäferhund ehelichen. Deshalb, erlauchte Bürger weltweit, hört ab sofort auf, seine Eminenz den Kaiser der Vereinigten Staaten von Amerika von Gottes Gnaden, Donald Trump 1. zu kritisieren!

Am schönsten ist es doch, von einer schönen Frau nur zu träumen.

Bei Rockradio spielte ich vor einer guten Woche zwei alte Rock'n Roll Standards und kommentiere das mit: Das waren ein paar Stücke aus der Kiste von Lord Knud. Dass Knud da schon selber in der Kiste war, erfuhr ich erst am nächsten Morgen. Am letzten Samstag legte ich mir, wegen der Kälte, abends noch den Film "drei Männer im Schnee" von 1955 mit Klaus Biederstaedt Abends zu hause auf die Orgel, am nächsten morgen hörte ich, dass Klaus Biederstaedt jetzt tot sei. Vielleicht sollte ich mir jetzt mal ein paar Videos von Donald Trump ansehen?

Leuten wie Mross und Silbereisen würde ich nicht einmal mehr den Spruch: "Wir haben es nur wegen des Geldes getan!", verzeihen, denn die haben schließlich genug. Will sagen: wie beim Bier brauen oder Brot backen, so merkt man auch in der Musik, ob es industrielle Massenware und damit blanker Mist ist, oder ob es echtes Handwerk ist. Ich ziehe echtes Handwerk vor!

Der Bahnpakt kommt, so Verkehrsminister Scheuer! Hört sich ja an, wie der Pakt mit dem Teufel! Aber was nutzt ein 30-min-Takt nach Hamburg, wenn man vorher aus der Fläche rausgegangen ist. Mindestens die Hälfte aller Eisenbahnstrecken in den neuen Bundesländern sind seit der Wiedervereinigung still gelegt worden, entwidmet worden und die Trassen überbaut worden, so dass da nie mehr 'ne Eisenbahn fahren kann. Beispiel aus Berlin: die Industriebahn Tegel – Friedrichsfelde! Nun ja, die Siemensbahn nach Gartenfeld soll ja nun zum Glück wieder aufgebaut werden. Und liebe Brandenburger, wie sieht es denn mit der S-Bahn nach Stahnsdorf, Falkensee, Velten oder Rangsdorf aus? Ist der Bahnpakt mit Scheuer also doch ein Pakt mit dem Teufel!

Mein Zahnarzt ist seit vorgestern in Rente. Da frag ich ihn vor einer Woche bei meinem letzten Besuch, ob er fortan nun Wurzelbehandlungen bei den Apfelbäumen auf seinem Grundstück macht!

Wenn einem die Idole der Jugend wegsterben, merkt man, wie alt man selbst mittlerweile geworden ist.

Die größte Magie besteht zwischen zwei Menschen, die einander zwar sehr mögen, aber einander nicht haben können.

Wer in der Maskenpflicht in ÖPNV und Geschäften die ultimative Bedrohung seiner persönlichen Freiheit sieht, führt wohl auch sonst eher ein beschränktes Leben.

Wie nennt man ein heulendes Kondom? Weingummi.

Was ist der sicherste Platz in Berlin? Der Pariser Platz! ... aber nur wenn sie den Pariser auch bis über die Ohren gezogen haben!

Was ist der Unterschied zwischen einem Hustenbonbon und einer Corona-Verschwörung? Den Hustenbonbon gibt's wirklich.

Wer heute weint und meint, die Demokratie ist keine mehr, nur weil man von ihm erwartet, dass er einen Fetzen Stoff um Mund und Nase tragen soll, der hat eine echte Diktatur nie erlebt.

Liebe Corona-Leugner, ich habe am Samstag bei der Anti-Corona-Demo nicht einen einzigen von euch mit Sauerstoffflaschen auf dem Rücken gesehen. Dabei sieht man doch Sauerstoff gar nicht in der Luft. Man sieht ihn erst unter Druck in Flüssiger Form. Seid ihr denn sicher, dass ihr noch Sauerstoff atmet und nicht plötzlich Gase, die Außerirdische auf der Erde freigesetzt haben, um uns als ihr Futter zu mästen? Wie atmet ihr denn?

Seien wir doch mal ehrlich: lebten wir nicht in einer funktionierenden Demokratie, hätte man die, die da am Samstag den Reichstag gestürmt haben, wegen eines versuchten Staatsstreiches, ohne Prozess, standrechtlich erschossen. Worum ging es da vordergründig? Um das Tragen oder Nichttragen einer Maske in öffentlichen Gebäuden und im Nahverkehr. Wow! Ich bin "beeindruckt"! Es geht um das temporäre Tragen einer Maske, um andere nicht anzustecken. Es ging nicht etwa um die fortschreitende Abholzung des Regenwaldes, um die menschengemachte Klimaerwärmung, um höhere Renten, um niedrigere Mieten, um die Verschmutzung der Ozeane, um das Verschwinden der Insekten, es ging nicht um ein bedingungsloses Grundeinkommen, um die Beendigung der Bürgerkriege in der Ukraine, Syrien oder auf der arabischen Halbinsel. Es ging um das Tragen einer Maske, um andere und sich selbst zu schützen. Mal ehrlich, mein Verständnis für die Leute auf dieser Demo hält sich in beschaulichen Grenzen.

Was sind die Leute doch heute für Luschies! "Ich möchte aber feiern und keine Rücksicht auf andere nehmen!" Hab es ja schon mal gesagt, früher hab ich zwar keine schallisolierten Fenster gehabt, da hab ich die aber auch nicht gebraucht! "Ich möchte aber keine Rücksicht auf andere nehmen!" Da musste in der DDR jeder junge Mann für mindestens anderthalb Jahre durch, NVA oder sowas: Nachtruhe um 22 Uhr, täglich Frühsport, striktes Alkoholverbot, Ausgang maximal alle vier Wochen bis 24 Uhr, Heimatbesuch zweimal pro Halbjahr für drei bis sechs Tage. Wer rücksichtslos war, hat von den Mitbewohnern der Stube 'n Ding aufs Maul bekommen, wer nur an sich gedacht hat, hat 'n Ding auf Maul bekommen, wer besoffen krakelt hat, hat mehr, als nur 'n Ding aufs Maul bekommen. Und außerhalb des Grundwehr- dienstes? Na wir haben morgens um 6 Uhr begonnen zu arbeiten, da hattest du gar keine Kraft mehr, zum Feiern. Hattest du Spät- oder Nachtschicht, hattest du kaum noch private soziale Kontakte. Und der Onkel aus Steglitz musste spätestens um eins wieder drüben sein, also war die Party vor Mitternacht zu ende. Was machen eigentlich heute die jungen Eltern im Baby-Jahr? Lassen die ihr Kind zu hause allein, um lieber feiern zu gehen? Also reißt euch mal alle 'n bissel am Zippel! Feiern können wir alle wieder, wenn wir 'ne Impfung gegen Corona haben. Aber bis dahin reißt euch mal zusammen!

Lieber mit Maske im Supermarkt, als ohne Maske im Sarg.

Früher gab es sie an jeder Ecke entlang der Prenzlauer Allee: Kneipen. In meiner Jugend war es Sport, entlang der Prenzlauer Allee, ab der Weißenseer Spitze in jeder Eckkneipe Richtung

Alexanderplatz nur je ein Bier und einen Korn zu trinken, um dann in die nächste Kneipe gegenüber zu gehen, zu fallen. Einmal kamen wir sogar bis zur Ecke Knaackstraße. Hackedicht waren wir danach immer. Das Glas Bier kostete nur zwischen 48 und 63 Pfennigen. Und in jeder Kneipe lungerten spätestens ab 22 Uhr mindestens diese gleichen drei Gestalten herum: 1. der Zahnlose, der jeden Fremden, der die Kneipe betrat, mit einem zweideutigen oder mit einem politischen Witz begrüßte, über den vor allem er selber am meisten lachte, 2. die Zahnlose, die dem Zahnlosen ständig ihre Zunge ins Ohr bohrte, bis er ihr, genervt, den nächsten Schnaps spendierte und es gab 3. den "total unauffälligen" Spitzel der Stasi, der sich jeden politischen Witz und jede Person, die die Kneipe betrat und wieder verließ, notierte. Das war damals so diese Kneipenfamilie. Alles andere waren oft eher zufällige Gäste, die die holde Gattin, die Schwiegermutter oder die pure Einsamkeit aus ihrer Wohnung vertrieben hatte.

"Das Leben der Anderen", so könnte man das beschreiben, was mir derzeit die meiste Zeit raubt und euch vermutlich auch, die sozialen Plattformen im Netz. Gut, dass es Facebook, Instagram, Tik-Tok usw. heute gibt, sonst würden depressive Singles wie ich im Lockdown aus Einsamkeit vor die Hunde gehen. Aber das Zeugs kann einen auch vom eigentlichen Arbeiten abhalten. Wer gerade kein eigenes Leben hat, der schaut sich das "wahre Leben" eben bei denen an, die im Lockdown noch eines haben. Pia macht gerade wieder Sport, Beatrice nimmt uns mit hinter die Kulissen ihrer heilen Schlagerwelt, Max hat heute grünes Morgen-A-A, Joyce jammert schon zum dritten mal an diesem Tag darüber, dass der Pulli ihrer Schwester ihr viel besser stehen würde und sie stöhnt "nun tu ich einmal am Tag was Gutes und dann das!", worauf ich am liebsten antworten würde "tu doch den ganzen Tag lang was Gutes", Max hat jetzt blaues Mittags-A-A, von Judith gibt's 'ne Hühnershow, Mareile zeigt, wie sie sich abschminkt, John singt gerade "Imagine", obwohl John schon seit vierzig Jahren tot ist, Rolf war mal wieder im Tierpark, Sabine ist auf den Malediven, Blondi fährt jetzt zu ihrer Nachtschicht bei der Feuerwehr in Bamberg, Rita zeigt dir ihre Genitalien, Max hat jetzt grün-blaues Abend-A-A und bei Micha gibt's bunte Nudeln. Schlimm, dass einen das Leben der anderen so süchtig macht und so herrlich von der eigenen Arbeit abhält.

Für mich sind die Beatles das, was für den Priester die Bibel ist. So wie der Priester in der Bibel, so finde ich in den Stücken der Beatles immer etwas Passendes zur jeweiligen Situation, ich finde darin Trost, Erbauung und Mut.

Nichts im Fußball spielt Hertha.

Silbereisen und Traumschiff! Dämonen weichet von mir! Dagegen wäre ja "Busenwunder" Dolly Buster als Lassie in einer Neuverfilmung von "vom Winde verweht" direkt Oscar-Verdächtig!

Was meinte eine Bekannte letztens? Am liebsten parkt sie ihr Auto dort, wo bereits eine Lücke ist. Tja, das nennt man "Mut zur Lücke".

Wer nie den eig'nen Stalker sah
dem geht es einfach wunderbar!

Bisher sind von mir erschienen – Buchtitel - Kurzinhalt

"Still gestanden! Die Augen links! - mein geheimes NVA-Tagebuch" - autobiografisch – in ein kleines A6-Heftlein hab ich während meines Grundwehrdienstes in der NVA 1985/86 Kurznotizen geschrieben, aus denen ich 2004/05 eine Radioserie machte, aus der ich 2019 ein Buch strickte

"Sommer – zwischen Backhaus und See – Kindheitserinnerungen" - autobiografisch – es sind meine großen Ferien, die ich in der Kindheit in Mecklenburg verleben konnte.

"Kaufhallengeschichten – Hundegeschichten – Radiogeschichten" – autobiografisch – Jahrzehnte lang war ich im Einzelhandel angestellt und wurde dort letztendlich hinaus gemobbt – weil das Ende so traurig war, hab ich die Geschichten über unseren Familienhund, so sie mir noch nach über dreißig Jahren eingefallen sind, mit dran gehängt, denn allein hätten sie nicht für ein Buch gereicht, aber auch diese endeten traurig, weshalb ich dann die Radiogeschichten mit anhängte, denn seit 1995 mache ich öffentliche Sendungen und dabei ist einiges Lustiges und Bemerkenswertes passiert. Gleichzeitig erzähle ich darin, wie es zu meinen Stadtführungen und zu meinen Lesungen kam und wie diese strukturell aufgebaut sind. … letztendlich ist doch alles nur Radio …

"Zwanzig Fässer Sauerkraut – Teil 1 – Aufbruch in Berlin 1750" und „Zwanzig Fässer Sauerkraut – Teil 2 – zwischen den Fronten, zwischen den Indianern" - in dieser Trilogie (der 3. Band ist in Arbeit) geht es um einen Krämerlehrling aus Berlin, den es nach Nordamerika verschlägt. Mit dabei hat er immer frisches Sauerkraut, das ihm als Handelsgut dient. Seine einstige Magd folgt ihm. Sie treffen auf Leute wie Daniel Boone, leben erst in den Alleghanny's, fliehen dann aber vor dem Krieg zwischen Engländern und Franzosen nach Westen in die Prärie, während es einen ihrer Freunde in die Karibik verschlägt.

**„Die weiße Hand im schwarzen Käse - From the Stage"
Kurztexte und Gedichte von A – Z - Band 1 - die ersten 100
Texte von A – M"**

**"Piep-Piep-Piep – From the Stage" Kurztexte und Gedichte A
– Z – Band 2 – Texte von N – Z und noch mehr"**

In Arbeit geht nach diesem Band hier: "Zwanzig Fässer Sauerkraut
– Band 3" und parallel dazu "Aldebaran – ein Weltraumabenteuer"
(Arbeitstitel)